LE DANDIE-DINMONT TERRIER

Bernard Lebourg

LE DANDIE-DINMONT TERRIER

ÉDITIONS DE VECCHI S.A.
52, rue Montmartre
75002 PARIS

Malgré l'attention portée à la rédaction de cet ouvrage, l'auteur ou son éditeur ne peuvent assumer une quelconque responsabilité du fait des informations proposées (formules, recettes, techniques, etc.) dans le texte.
Il est conseillé, selon les problèmes spécifiques – et souvent uniques – de chaque lecteur, de prendre l'avis de personnes qualifiées pour obtenir les renseignements les plus complets, les plus précis et les plus actuels possible.

Du même auteur aux Éditions De Vecchi

L'Eurasier, 1994
L'Akita Inu, 1994
Le Jack-Russell Terrier, 1995, 1997, 1998, 2001
Le Dogue de Bordeaux, 1995, 1999
Le Rodhesian Ridgeback, 1996
L'Épagneul français, 1997
Le Jagd-Terrier, 1998
Les Chiens de chasse, 2000
Le Pointer, 2003

À Charlotte Tessier-Sonnier, trop tôt disparue, et sans qui le Dandie contemporain, en France, ne serait qu'une légende.
Merci Madame de nous avoir fait aimer cette race.

Remerciements

Merci à Muriel Matel et à Josiane Jenny, qui m'ont ouvert leur photothèque et leur cœur.
Merci à Ruth O'Connor pour son aide précieuse.
Merci à Jacques Candelon, l'ami des Dandie-Dinmonts, et à Catherine Aubry des *Lettres et Images* pour son aide bibliographique.

Photos de couverture : © Hermeline/Cogis

Imprimé en Italie

Sommaire

Préface

C'est en 1971, à l'exposition « Mondiale » qui se tenait à Paris à l'ancienne gare de la Bastille, que je suis tombé amoureux de deux drôles de chiens qui étaient assis sur leur derrière et qui suivaient de leurs grands yeux, sans bouger la tête, les visiteurs passant devant leur cage.
Je venais de découvrir le « Dandie-Dinmont Terrier ».
Depuis cette date jusqu'à ce jour, nous ne nous sommes plus quittés. Enfin, ce n'est pas tout à fait exact car, ce chien étant très rare et malgré ma volonté d'en posséder un le plus rapidement possible j'ai dû attendre jusqu'en mai 1974.
À cette date, j'ai eu une ravissante chienne, Julie d'Ogay, née chez monsieur Serrander, dans la région rouennaise, qui était le seul en France à posséder une lice. D'autres éleveurs de terriers, mesdames Bourriaux et Lepapes, ont pris des sœurs de Julie... l'élevage français était en route !
Julie est donc arrivée chez moi parmi trois Saint-Bernards ! et cela s'est très bien passé malgré son handicap de poids (12 kg contre 80/90 kg).
À part le vieux Saint-Bernard qui était le chef absolu et dont elle se méfiait, comme tout terrier qui se respecte avec un caractère bien trempé elle a pris le commandement des deux autres.
Je n'avais qu'une envie, c'était d'avoir des bébés de Julie mais le sort en a décidé autrement.
Lorsque je suis dans une exposi-

tion canine pour juger les Saint-Bernards, je vais toujours voir s'il y a des Dandies. En 1984, à l'exposition de Charleroi, je découvris une jolie chienne appartenant à des Allemands, monsieur et madame Rosenbaum. L'année d'après, je suis allé chercher chez eux une femelle, German Dandie Beauty Barina, qui est restée avec nous 14 ans et qui nous a comblés. Elle a eu trois portées et de très nombreuses récompenses en France et à l'étranger.

Il n'est pas rare à l'heure actuelle de rencontrer sur les rings d'exposition ses descendants. Et je vis actuellement avec ses filles.

CHRISTIAN TESSIER
Juge international

Introduction

Est-ce bien sérieux d'écrire un livre sur le Dandie-Dinmont, lorsque l'on sait qu'il y a moins de vingt naissances de cette race par an en France ? Pourtant n'est-ce pas la vocation d'une collection qui a pour nom « Chiens de race » de faire paraître un ouvrage sur une telle race ?

Il n'en reste pas moins que le Dandie est une *vraie* race issue de l'Écosse, terre d'élevage canin. Trop de races doivent leur grand effectif à un effet de mode. C'est dommage et dangereux, car on sait bien qu'une fois la mode retombée comme un soufflé froid, l'effectif retombe aussi vite, en laissant bien souvent sur le carreau des prétendus éleveurs plus attirés par le gain que par les races canines. Heureusement, le Dandie n'est toujours pas en France un chien à la mode. Il est et reste un vrai chien d'amateur, au sens noble du terme, possédant toutes les qualités de ses autres cousins écossais, avec, en plus, un brin d'indépendance qui en fait un chien bien à part.

BERNARD LEBOURG

Maybe. Prod. : Annette Goujon. Prop. : Elfi Schambron. (© E. Schambron)

© Gauzargues/Cogis

Historique

Sur la piste de Dandy Dinmont

Dandy Dinmont, héros de Walter Scott

Lorsque l'on lit la plupart des historiques sur le Dandie-Dinmont, on y découvre que ce chien tient son nom du personnage de Walter Scott présent dans le roman *Guy Mannering ou l'Astrologue*. Cela est certainement vrai, il reste maintenant à découvrir *qui* a attribué le nom du héros à cette race de chiens.

Essayons tout d'abord de découvrir qui était Dandy Dinmont dans le roman. Nous ne reviendrons pas sur l'histoire à l'eau de rose de ce pauvre Harry Bertram qui finit, à la fin de l'histoire, par épouser sa bien-aimée, la jolie Julie Mannering, grâce, entre autres, au fameux Dandy Dinmont.

Dandy Dinmont, dans ce livre à tiroirs, représente le bon sens populaire, l'amour de la vie, le désintéressement, l'ami sur lequel on peut compter. Il n'est pas, loin s'en faut, un personnage secondaire du roman, puisque, dans l'édition originale française, il arrive page 63 du deuxième volume, c'est-à-dire quasi au milieu du roman. Il n'en est pas non plus d'ailleurs le personnage principal comme prétendent certains... qui n'ont pas lu le roman !

Dandy Dinmont arrive !

Voici comment Bertram découvre pour la première fois Din-

mont : « Le premier objet qui frappa ses regards, en entrant dans la cuisine, fut un homme de haute stature, taillé en hercule, vêtu d'une grande redingote, et qui avait l'air d'un fermier ; il s'occupait à couper de larges tranches d'une pièce de bœuf froide, et jetait de temps en temps un coup d'œil par la fenêtre… Un grand pot de bière était à ses côtés, et il avait soin de le caresser de temps en temps. »

Plus loin (page 65), il présente ses chiens au visiteur : « J'ai six bassets chez moi, sans compter les autres chiens : j'ai le vieux Pepper et la vieille Moutarde, le jeune Pepper et la jeune Moutarde, et le petit Pepper et la petite Moutarde. Je les ai tous parfaitement dressés, je les ai d'abord habitués à attaquer des mannequins, ensuite je les ai lâchés contre les furets, les belettes, après cela contre les fouines et les blaireaux ; enfin aujourd'hui ils n'ont peur d'aucun animal portant poil. »

Lorsque son interlocuteur lui demande pourquoi il ne nomme ses chiens que Pepper et Moutarde, il répond : « Oh ! C'est une idée que j'ai eue pour distinguer leur race. Savez-vous bien que le duc a envoyé jusqu'à Charlies-Hope [nom de la ferme de Dinmont] pour avoir un Pepper et une Moutarde de Dandy Dinmont ? »

Au fait, pourquoi est-il surnommé Dandy, ce brave Dinmont ? Ce n'est absolument pas à cause de son élégance ou de ses manières qui le rapprocheraient d'un dandy. C'est en fait un diminutif d'André, Andy, Dandy. Nous en avons la preuve page 77 du troisième tome : « ... ne voyez-vous pas notre intrépide André Dinmont, qui a succédé à la garde des troupeaux de notre couronne dans la forêt de Jedwood... ? »

Pour conclure sur le personnage de Dandy Dinmont dans le livre de Walter Scott, nous dirons simplement qu'il a cru jusqu'au bout au capitaine Bertram qui lui avait sauvé la vie, et ce malgré bien des vicissitudes de la part de ce dernier. Dinmont, c'est la force mise au service du droit, c'est la gentillesse, c'est la bonté, c'est le désintéressement, c'est la joie de vivre, en un mot l'ami que chacun rêverait d'avoir. Attribuer ce nom à un chien, c'est lui attribuer toutes ces qualités.

Historique plus probable

Le « père » très probable du Dandie-Dinmont est un certain James Davidson qui semble avoir sélectionné la race, aux alentours de 1820, soit six ans après la sortie de *Guy Mannering*. Ce n'est donc pas ce Davidson qui servira de modèle au Dandy Dinmont du roman, mais bien l'inverse. On peut donc admettre l'hypothèse que c'est Davidson qui a baptisé « Dandie-Dinmont » la race qu'il venait d'obtenir. Pourquoi le *y* a-t-il été changé en *ie* ? C'est encore un mystère.

James Davidson fut enterré à Oxnam dans la province de Roxburgh et Selkirk en Écosse. Sa tombe est un lieu de pèlerinage pour les amateurs de Dandies qui l'ont restaurée en 1969.

L'ORIGINE DU DANDIE-DINMONT AU TRAVERS DE LA PRESSE

(Extrait du Times *du 2 novembre 1930)*

Si Walter Scott n'avait pas écrit Guy Mannering *il n'y aurait pas eu de terrier Dandie-Dinmont. Tout du moins nous n'aurions jamais eu le nom de Dandie-Dinmont qui vient de celui du personnage du roman de Scott, un fermier robuste, habitant à la frontière entre l'Angleterre et l'Écosse. En fait, il est presque sûr que nous n'aurions jamais connu ces chiens bien particuliers. En effet, c'est grâce à la relation dans l'esprit du public entre un certain James Davidson de Hindlee près de Hawick et Dandy Dinmont que les terriers « Poivre et Moutarde » connurent une grande vogue. On ignora les propres mots de Walter Scott qui expliquait dans son livre que le personnage du fermier n'avait jamais existé dans la réalité. Dans un certain sens, il y avait une part de vrai dans cette équivoque. En effet, en 1816, deux années après la publication de* Guy Mannering, *Scott écrivait : « Je profitais du printemps pour voyager, c'est pourquoi j'ai eu votre lettre avec du retard. Lors de mon voyage, j'ai rencontré un homme que je n'avais jamais vu de ma vie, à savoir le propriétaire de toute une meute de terriers "Poivre et Moutarde", en d'autres mots le véritable Dandy Dinmont, le personnage de mon roman... Sincèrement je ne savais rien de cet homme, sinon qu'il avait l'étrange habitude d'avoir seulement deux noms pour ses vingt chiens (« Poivre » et « Moutarde »). » Cette association entre James Davidson et le personnage de Walter Scott resta dans les esprits. Ainsi, dans une notice nécrologique qui parut dans le journal de Newcastle en 1820, on peut lire : « mort, dimanche il y a eu huit jours, à Bongate, Jedburgh, Mr James Davidson, habitant autrefois Hindlee. On pense que cet homme charitable a servi de modèle à l'auteur de* Guy Mannering *quand celui-ci créa le personnage de Dandy Dinmont. » Ce sont là les débuts d'une race de terriers qui, par la forme de l'oreille, la puissance de la mâchoire et la force de la voix, ont des caractéristiques du chien courant. Certains vont même jusqu'à penser que ces terriers ont du sang d'Otterhound dans les veines. Dans la seconde moitié du siècle dernier [XIXe], un expert attribua l'oreille et les pattes courtes du Dandie au Teckel. De nombreux indices semblent confirmer la théorie selon laquelle deux types différents de terriers rustiques existaient dans les régions frontalières, la différence principale entre ces deux terriers étant la longueur des pattes. Cela peut expliquer les allusions qui sont faites respectivement dans l'historique des Dandies et celui des Bedlingtons à des chiens appartenant à James et Willie Allan dont l'un était connu pour son habileté à la cornemuse [James « Piper » Allan]. Ceux qui savent les changements que l'on peut obtenir chez les chiens par un élevage sélectif très strict comprendront qu'il est possible que les deux races (les Dandies et les Bedlingtons) aient des origines communes. Walter Scott ayant lancé la vogue du Dandie, le Dr John Brown, auteur écossais, lui fit à nouveau de la publicité quand* Horea Subsecivae *fut publié en 1858. Une allusion à la race est à l'origine de la lettre que lui adressa Mr Robert Wise, un antiquaire de Newcastle, qui écrivit : « James Davidson de Hindlee était un chasseur de renards très renommé et sa race de terriers, les "Poivre et Moutarde" était la meilleure du pays. J'ai eu l'occasion de voir ces chiens en chair et en os il y a longtemps chez Ned Dunn de Whitelee à l'autre bout de Redesdale.*

Le spectacle de ces chiens très particuliers au milieu des autres spécimens de la gent canine était aussi curieux que celui des nains de couleur au milieu d'hommes ordinaires ! Ces terriers sont des animaux au corps allongé sur des pattes courtes et puissantes. Le poil est dur, et, à première vue, l'ensemble ressemble un peu à un petit banc comme j'ai pu en voir dans les maisons au sud de l'Écosse il y a cinquante ans. » Il ajoutait : « Au premier abord ces chiens semblaient quelque peu craintifs quand ils se trouvaient à l'extérieur et se seraient sans doute sauvés à la vue d'un Colley un peu agressif, mais si d'aventure ce dernier attrapait l'un d'eux et que le sang de la petite bête fût bouillant, le petit terrier se rebiffait, mordait l'adversaire au bon endroit et tenait bon, ne lâchant prise que lorsque le Colley avait compris à ses dépens qu'il était tombé sur un Tartare. »

Il est évident que les Dandies ont beaucoup changé morphologiquement, ce qui est tout à fait inévitable quand on prend des chiens à l'état brut et qu'à partir d'une sélection intensive on cherche à atteindre un certain degré d'uniformité. Néanmoins, le caractère du Dandie aujourd'hui n'est pas très différent de celui décrit par Mr White. À la maison le Dandie peut être sensible et doux de caractère mais, si l'occasion se présente, il peut se montrer un vaillant combattant et il est rarement le premier à abandonner la bataille. Il est aussi très bon chasseur de rongeurs. L'une des femelles de Mrs A. H. Salisbury battait les buissons à la façon d'un Épagneul et rapportait des perdrix. Au cours des six dernières années on a vu une nette amélioration de cette race dans les différentes classes en exposition, et on nous a promis de superbes chiens lors de la première exposition organisée par le Club du Dandie-Dinmont du sud de l'Angleterre qui eut lieu à Tattersalls, Knightsbridge. Mr Irwin Scott eut à juger vingt-cinq classes.

Le Dandie fut-il un chien de bohémien ?

L'un des personnages capitaux dans l'histoire du Dandie-Dinmont est, sans aucun doute, William Allan, joueur de cornemuse surnommé « Piper » Allan. L'histoire, ou la légende, voudrait qu'il fût bohémien (Gipsy), et qu'il ait dressé d'excellents petits chiens à la chasse et/ou au braconnage. Le duc de Northumberland, grand amateur de chiens de chasse, comme beaucoup de nobles, voulut lui acheter son meilleur chien, un certain « Hitchem » ou plutôt lui échanger contre une ferme. Piper Allan aurait répondu en ces termes au duc : « *Na, na, ma Lord he replied, keep yer ferum. What would a Piper do wi'a ferum ?* » Ce que l'on pourrait traduire par : « Non, non, mon Lord, gardez votre ferme. Que ferait d'une ferme un joueur de cornemuse ? »

Cette anecdote extraite de l'*Hutchinson's Dog Encyclopaedia* (page 435) présente Piper Allan comme un *tinker sportsman* que l'on pourrait traduire par « itinérant », voire par « sans domicile fixe ». C'était en fait à la fois un musicien qui allait de village en village accompagné de ses chiens et un ferrailleur étameur de casseroles. De là à prétendre qu'il s'agît d'un bohémien, la conclusion est un peu rapide, même si bien souvent les bohémiens étaient étameurs. Une nouvelle fois la légende semble rattraper la réalité,

© *Gauzargues/Cogis*

les bohémiens étant particulièrement présents dans *Guy Mannering*. Par la suite, il semble que Piper Allan ait vendu, au duc, un frère de Hitchem nommé « Charlie ».
Le fils de Piper Allan va d'ailleurs continuer l'élevage de Dandies, grâce à « Old Pepper », fils de Hitchem, qui semble être le mâle d'origine des Dandie-Dinmonts actuels. Nouveau clin d'œil au roman de Sir Walter Scott, puisque « Old Pepper » était l'un des chiens de Dandy Dinmont dans le roman. Quoi qu'il en soit, on peut se poser la question de l'existence de ce fameux Piper Allan car son aventure avec le duc ressemble comme deux gouttes d'eau à la page 65 du tome 2 de *Guy Mannering* (*Savez-vous bien que le duc a envoyé jusqu'à Charlies-Hope pour avoir un Pepper et une Moutarde de Dandy Dinmont ?*). Il reste que l'épisode de Piper Allan semble daté de 1754, alors que le livre de Walter Scott fut publié en Angleterre en 1814 et en France en 1822, alors qui a copié qui ?
Pour terminer avec ce texte, on pourrait imaginer que Piper Allan nommé « Tinker » a été, en fait, un réparateur de vieilles casseroles (*tin* : fer-blanc), ou un étameur de casseroles en cuivre. De toutes les manières, Piper Allan était un marginal, un personnage assez louche vivant de courses de chiens, voire de combats de chiens.

Dans *British Dogs* de W. D. Drury, édité à Londres en 1903 par Uptcott Gill, on peut avoir des précisions, semble-t-il, différentes sur l'origine du Dandie.
Page 480, on trouve l'évocation de Piper Allan, mais cette fois-ci datée de 1704, soit cinquante ans plus tôt que l'auteur précédent, comme quoi ce Piper Allan dut avoir plusieurs vies !
Pourtant un certain M. Cook suggère « comme une théorie envisageable, celle que des tribus de gipsies aient importé avec eux du continent vers les îles Britanniques des terriers de type Teckel ».
Toujours à la même page, nous pouvons lire : « Nous trouvons les pattes courtes et déformées, le poil hirsute des terriers, décrits pour beaucoup d'entre eux, et en de tels termes qu'il n'y a pas beaucoup d'imagination pour concevoir ces animaux comme étant les géniteurs de l'actuel [1903] Dandie-Dinmont. »
Page 481, nous avons plus de précisions sur Davidson : « En fait, c'est assez clair, le nom de Dandie-Dinmont a été attribué à Davidson dès que *Guy Mannering* est devenu populaire. Il est pratiquement certain que ce nom lui a été donné, à lui et à ses terriers, à ce moment-là. Mais il est certain, et c'est prouvé par un écrit de M. James Scott de Newstaed, que Davidson a beaucoup contribué à la vulgarisation de la race... »

L'évolution de la race

Le Dandie en France

On peut considérer que le premier propriétaire de Dandie-Dinmonts, en France, fut Louis-Philippe Ier, roi des Français (1773-1850). Il posséda un couple que lui avait fourni le grand éleveur anglais Francis Somner, éleveur, entre autres, du fameux Crack Dog Shem que l'on retrouve à l'origine de certains pedigrees. Ce n'est qu'à partir de la création de la SCC, en 1885, que nous avons des renseignements plus fiables. Mais il faudra attendre 1904 pour qu'un habitant de Charenton (Val-de-Marne) importe une femelle née le 16 octobre 1903 qui répondait au nom de Claudie Rosie. Elle sera inscrite au LOF le 30 décembre 1904 sous le numéro 8560. Elle venait de l'élevage anglais E. W. H. Blagg's. On retrouve dans ses origines la Old Ginger Line avec l'affixe Katrine et pour son père Albert Cook.
Ce premier Dandie inscrit ne fera pas souche.
Entre 1920 et 1930 quelques Dandies vont être importés à Paris. Ils ont pour origines Darent (producteur Mac Donnell), Salismore (producteur Salisbury), Of Clane (producteur Vere Sage), Alpin (producteur Simpson Show), Polford (producteur Rawlins). Malgré ces superbes origines, on ne note pas de descendance.
C'est à cette époque qu'une Amé-

ricaine, Mme Harriman, déjà propriétaire de différents terriers d'Écosse, importe une femelle qui répond au nom d'Ancon Adventure, née le 23 février 1924 (producteur Raybould). Cette femelle va remporter plusieurs CAC dont celui de Paris.
Ce n'est qu'au début des années 1930 que l'on voit apparaître le premier éleveur de Dandies qui a pour nom M. Bishop. Il était déjà éleveur de Cairns et de Westies. Il va importer une femelle du nom de Darenth Jalma, un mâle, Darenth Nickel, et un mâle d'une autre lignée, Bellmead Dalesman. Jalma aura plusieurs portées sous l'affixe Venterol, mais la lignée va s'éteindre très vite.
Dans la mesure où il n'y a pas d'élevage en France, les amateurs français devront continuer à importer d'Angleterre les Dandies des différents affixes : Watersend (producteur Bradbury), Hayling (producteur Backer), Dogari (producteur Cadyle), Bellmead (producteur Trefusis Forbes).
Si Mmes Hamilton et Dechaud vont tenter d'implanter à cette époque la race en produisant sept portées, il n'y aura pas de suite.
Il faudra attendre 1972 pour que des éleveurs de terriers d'Écosse s'intéressent enfin vraiment à l'élevage de Dandies. Ainsi M. Leroy va-t-il faire venir le mâle Newcomer of Hendell, né le 8 juin 1972 (producteur Hulme). De son côté, M. Serander fera venir une femelle du nom de Hendell Rosetta née le 5 juillet 1972 venant également de l'élevage Hulme, un mâle issu d'un élevage hollandais (Kasten Schoenmaker) qui répondait au nom de Jonge Hertog's Brisk Brian, né le 15 juin 1974, ainsi qu'une femelle également d'origine hollandaise (producteur Later) qui répondait au nom de Salicia's Demara Dragonfly.
Ce sera le véritable départ de l'élevage français. Rosetta aura plusieurs portées avec Newcomer et Brice Brian, sous l'affixe d'Ogay. Janon d'Ogay ira chez Mme Bouriaud qui reproduira sous l'affixe des Regaires, et Julie d'Ogay ira chez Christian et Charlotte Tessier qui reproduira sous l'affixe de La Valoise de Bréançon. Par la suite, Mme Bouriaud va importer plusieurs mâles et plusieurs femelles, de l'élevage Salicia's (producteur Later), dont le mâle Richard (né le 5 décembre 1977) qui deviendra champion du monde à Madrid, puis plus tard Hamilton Heatheliff né le 28 juillet 1983 qui obtiendra également plusieurs titres de champion. Ensuite, elle va importer une femelle d'origine allemande, German Dandies Barbarella (producteur Rosenbaum), née le 24 septembre 1985, puis un mâle d'origine hollandaise, Honey v/d Lekstreek (producteur C. Daalwijk), né le 29 décembre 1985. L'élevage de Mme Bouriaud cessera en 1990.

Les cousins

Au XVIIIe siècle, c'est l'*Encyclopaedia Britanica* qui nous donne des détails sur les nouvelles races de terriers dont l'*Old English Terrier* qui serait à l'origine de plusieurs races contemporaines. Ce serait vers 1723 que le Teckel fait son apparition en France via l'Allemagne au travers de la race à poil dur, croisement entre le Dandie-Dinmont et le Schnauzer nain. Mordax von Wardenburg, champion Teckel à poil dur à Berlin en 1883, est très proche, du fait de sa touffe de poil sur la tête (top-knot), du Dandie.
Le XIXe siècle verra la naissance réelle des terriers modernes, tous plus ou moins issus du Black-and-

Le Teckel à poil dur est le plus proche cousin du Dandie. (© Lanceau/Cogis)

Tan Terrier ou de l'Old English Terrier. Arrivera ainsi le Bedlington, croisement entre l'Old English Terrier, le Dandie et le Bull-Terrier, puis le Welsh Terrier, le Border-Terrier et l'Airedale-Terrier. Ce dernier va devenir très populaire grâce au rat-catching, chasse au rat ou à la loutre. L'Airedale va devenir un chien de chasse puis chien de compagnie, avant de redevenir depuis peu de temps à nouveau un chien de chasse utilisé pour la chasse au gros, sa puissance et son courage faisant alors merveille. En 1845, c'est la naissance du Sealyham-Terrier, en 1850 celle du Toy-Terrier, du Scottish Terrier et du Cairn, puis en 1873 celle de l'Irish Terrier, et en 1880 celle du Lakeland-Terrier.

Pendant ce temps, en Allemagne, se développent les différents Teckels sous l'impulsion du colonel Emile Ilgner et du comte Klaus Hahn qui fondèrent le Deutscher Teckel Klub en 1888. Sans eux, le Teckel n'aurait certainement jamais vu le jour, et l'on comprend alors l'enthousiasme des cynophiles lors de la célébration du centenaire du club en 1988.

Nous arrivons ainsi au XXe siècle avec la naissance des derniers terriers que seront le Yorkshire Terrier, qui servira ensuite à la création du Griffon belge, à celle du Bull-Terrier, et à celle du Welsh Terrier, sorte de grand Fox-Terrier. Puis arrivera celui qui est devenu, un peu par hasard à cause de la télévision, la vedette des petits terriers de compagnie, à savoir le West Highland White Terrier, plus connu sous le nom de « Westy ». Ce Westy va naître un peu par hasard, puisqu'on l'utilisera pour créer la race des Cairns blancs jusque-là interdits de reproduction. Si les créateurs de cette race revenaient actuellement, ils seraient certainement très étonnés du succès de celui qui est maintenant connu en France sous le nom de César. Le dernier terrier britannique est très certainement le Kerry-Blue-Terrier, superbe chien gris-bleu qui n'est pas sans rappeler le Soft-Coated-Terrier, son ancêtre. Pour terminer avec un historique très rapide sur les terriers, nous dirons que ces derniers furent même des héros militaires puisqu'ils furent utilisés pendant la Première Guerre dans les tranchées françaises, et certainement allemandes, pour débarrasser les soldats des rats qui se multipliaient alors.

Le Teckel à poil dur

« Le petit moustachu », comme le nomment nos amis allemands, est vraiment un chien à part dans l'univers des chiens de chasse. Si certains ont essayé de transformer le Teckel en chien d'appartement, ils se sont rapidement rendu compte que son esprit ombrageux le destinait à tout autre chose. « Lorsque je pars chasser avec lui [mon Teckel], c'est lui qui décide ! » me confiait récemment Jacques Chapus, journa-

Le Norfolk et le Norwich sont très proches et ne se différencient que grâce aux oreilles. (© Français/Cogis et © Gauzargues/Cogis)

Le Westie est à l'origine un vrai terrier courageux. (© Labat/Cogis)

liste et grand reporter à RTL. Cela veut bien dire que la taille ne fait rien à l'affaire. Ce chien est un vrai chasseur, dans l'âme et dans l'esprit, mais qui doit être pris en main fermement, surtout pour les mâles.
On ne définit pas le Teckel par rapport à sa hauteur, mais par rapport à son poids et à son tour de poitrine. Le Teckel doit peser entre 6,5 et 9 kg (attention à la gourmandise qui le transforme en « saucisson ») avec un tour de poitrine d'environ 35 cm, alors que le Kaninchen (Teckel nain) ne dépassera pas 3,5 kg pour un tour de poitrine inférieur à 30 cm. Ce dernier fut à l'origine un chien créé pour la chasse au lapin. On le déposait dans les terriers afin de débusquer « Jeannot ». C'est maintenant révolu, et malheureusement le Kaninchen n'est plus qu'un chien de compagnie. La silhouette du Teckel est bien connue, mais malgré la disproportion entre le corps et les membres, il ne doit pas paraître disgracieux, ni trop lourd ni trop fluet. Sa tête est allongée, avec un stop très peu marqué. Ses yeux ovales de taille moyenne lui donnent un regard intelligent. C'est le plus proche cousin du Dandie, du moins en ce qui concerne la silhouette.

Le Norwich et le Norfolk

Ces deux chiens, très proches l'un de l'autre, ne se différencient que grâce aux oreilles. Le Norwich a les oreilles droites, alors que le Norfolk a les oreilles tombantes. Ce sont deux terriers ramassés, au poil rêche, et qui ne dépassent pas les 26 cm sous la toise. Tous deux chiens de caractère, ils ont chassé le renard, le rat et le blaireau avant de devenir des chiens de compagnie. S'ils restent très discrets en termes de naissance, ces deux terriers, à l'aspect rural, ont échappé aux modes. Pour ces deux races également il serait intéressant de relancer l'élevage de vrais chiens de chasse, et d'oublier un peu les salons !

Le West Highland White Terrier

Qui aurait pu dire que ce petit chien blanc serait à l'origine de l'une des races les plus populaires de France ? Entre-temps, la publicité est passée par là, propulsant, de fait, cette race parmi les cinq, voire les trois premières races de France. Pourtant ce chien est autre chose qu'une peluche de salon qui se tient sage dans le panier d'un vélo. C'était à l'origine un vrai terrier courageux et hargneux, dont la couleur blanche fut sélectionnée par un certain colonel Malcom, pour bien reconnaître le chien à la sortie du terrier. Le toilettage du Westie est là aussi très important. Garder une couleur blanc immaculé à ce chien relève de la performance, à moins de le faire toiletter toutes les semaines. En

Le Bedlington-Terrier. (© Gauzargues/Cogis)

l'absence d'un toilettage régulier, le Westie ressemble à une serpillière au bout d'une laisse !

Le Bedlington-Terrier

S'il ressemble à un mouton, c'est pourtant un vrai terrier au caractère bien trempé. Il semble qu'à l'origine il fût un cousin direct du Dandie, voire un frère dans une portée. En effet, on place son origine vers 1782, c'est-à-dire exactement à la même période que le Dandie. Les origines géographiques de ce chien se situent à la frontière de l'Angleterre et de l'Écosse, entre Horpeth et Bedlington. Ce sont les mineurs de la région qui l'utilisaient la semaine pour chasser les rats dans les galeries, et le week-end pour les courses. Les paris dans cette partie du Royaume-Uni étaient très populaires. On comprend alors pourquoi on a mis du sang de Whippet dans le Bedlington, simplement pour le faire courir plus vite. Après avoir été un chien de prolétaire, le Bedlington est devenu peu à peu, du fait de son aspect doux, un chien de bourgeois, voire un chien snob. C'est pourtant un terrier au caractère très affirmé qui souffre d'un toilettage dépassé qui lui donne un aspect efféminé, lui qui est un vrai « mec » cloîtré malheureusement dans des salons sucrés pour lesquels il n'est pas fait.

Les standards du Dandie-Dinmont

(du standard du Kennel Club à celui de la FCI)

© Lanceau/Cogis

Erna de La Valoise de Bréançon, Ghille de La Valoise de Bréançon, German Bandiès, Beauty Barina « Boubou », Gwennie de La Valoise de Bréançon. (© Collection Tessier)

Standard d'origine
(standard FCI n° 168c du 24 juin 1987)

Race britannique

3e groupe, section 2
Traduction effectuée par le Pr R. Triquet

Aspect général

Tête caractéristique, avec une belle couverture de poils soyeux, et de grands yeux pleins d'intelligence et de sagesse, qui compensent un corps long, bas, comparable à celui d'une belette.
Membres courts et forts ; poil résistant aux intempéries.

Caractéristiques

Terrier plein d'allant et apte au travail.

Tempérament

Indépendant, très intelligent, résolu, tenace. Sensible, affectueux et digne.

TÊTE ET CRÂNE

Tête solidement construite, forte mais proportionnée à la taille du chien. Les muscles, et plus spécialement les maxillaires présentent un développement extraordinaire. Le crâne est large et diminue graduellement vers les yeux. La distance de l'angle

© *Lanceau/Cogis*

interne de l'œil à l'occiput est à peu près égale à la largeur entre les oreilles. Le front est bien bombé. La tête est couverte d'un poil très doux et soyeux, qui ne doit pas être restreint à un simple toupet. Les joues s'amenuisent graduellement vers le museau qui est haut et fort. Le chanfrein mesure les trois cinquièmes de la longueur du crâne. La région supérieure du museau comporte une partie triangulaire sans poil dont le sommet est dirigé vers l'arrière, en direction des yeux, et dont la base mesure environ un pouce (2,54 cm) à la truffe. La truffe est noire.

Yeux

Couleur noisette foncé soutenu. Bien écartés, disposés bas, ils sont grands, vifs, ronds, remplissant bien l'orbite, mais pas globuleux.

Oreilles

Tombantes. Elles sont attachées bien en arrière et bien écartées. L'attache est basse. Elles pendent tout contre les joues avec une légère saillie à la base. Elles sont larges à l'attache, et s'effilent quasiment en pointe, la ligne antérieure de l'oreille formant presque une droite, menée du point de jonction avec la tête jusqu'à l'extrémité. Le cartilage et la peau de l'oreille sont très fins. La longueur de l'oreille est de trois à quatre pouces (7,6 à 10,2 cm). La couleur des oreilles doit s'harmoniser avec la robe. Quand la robe est poivre, les oreilles sont couvertes d'un poil doux, droit, et de couleur foncée (dans certains cas, pratiquement noir). Chez les chiens à robe moutarde, le poil de l'oreille doit être de couleur moutarde, un ton plus foncé que la robe, mais pas noir. L'un et l'autre doivent avoir une mince frange de poil clair, prenant naissance à environ 2 pouces (5 cm) de l'extrémité, d'une couleur et d'une texture presque identiques à celles du toupet, qui semble donner à l'oreille une pointe distincte. Il est possible que cette frange n'apparaisse qu'à l'âge de deux ans.

Bouche

Les mâchoires sont fortes, avec un articulé en ciseaux parfait, régulier et complet, c'est-à-dire que les incisives supérieures recouvrent les incisives inférieures dans un contact étroit, et sont implantées à l'aplomb des mâchoires. Tout prognathisme est répréhensible. Les dents sont très fortes, et en particulier les canines, qui ont un développement extraordinaire pour un si petit chien. Les canines s'articulent bien, afin de donner la prise la plus forte possible et la puissance la plus terrible. L'intérieur de la bouche est noir, ou de couleur foncée.

Cou

Très musclé, bien développé et fort, offrant une grande puissance. S'insère bien dans les épaules.

Corps

Long, fort et souple. Les côtes sont bien cintrées et rondes, la poitrine est bien développée et bien descendue entre les membres antérieurs ; le dos est assez bas au niveau de l'épaule, présentant une légère courbure descendante et, par voie de conséquence, une arcure au niveau du rein, et une chute légère et graduelle du sommet du rein à la naissance de la queue. Tout le dessus est bien musclé.

Avant-main

Les épaules sont bien inclinées, mais sans lourdeur. Les membres antérieurs sont courts, avec un formidable développement

des muscles et de l'ossature ; ils sont bien écartés, et la poitrine est bien descendue entre eux. Les avant-bras prolongent la ligne du poitrail, avec des pieds qui sont tournés vers l'avant ou légèrement en dehors, en situation debout. Les membres arqués sont un grave défaut.

Arrière-main

Les membres postérieurs sont un peu plus longs que les antérieurs, ils sont disposés assez loin l'un de l'autre, mais pas écartés dans une attitude forcée. Les cuisses sont bien développées. Les grassets sont angulés, les jarrets sont bien descendus. On a coutume d'enlever les ergots quand il y en a.

Pieds

Ronds et pourvus de bons coussinets. Les pieds postérieurs sont plus petits que les pieds antérieurs. Les ongles sont noirs, mais de nuance différente selon la couleur du corps. Les pieds plats ou ouverts sont de graves défauts.

Queue

Plutôt courte, de 8 à 10 pouces (20 à 26 cm), assez épaisse à la naissance, elle s'épaissit encore pendant 4 pouces (10 cm) et ensuite s'amenuise jusqu'à son extrémité. Elle ne doit pas être tordue ni enroulée en aucune façon, mais présenter une courbure analogue à celle d'un cimeterre. Lorsque le chien est en action, l'extrémité est à la perpendiculaire de l'attache de la queue. Elle ne doit être attachée ni trop haut ni trop bas. Quand le chien n'est pas en action, elle est portée gaiement, un peu audessus du niveau du corps.

Allures et mouvements

L'impulsion vient de l'arrière, elle est forte et droit devant, donnant une enjambée souple, dégagée et facile, avec une bonne extension des antérieurs. Une allure guindée, raide, sautillante et les membres antérieurs qui tricotent sont répréhensibles.

Poil

Caractéristique très importante de la race. Le poil est double, avec un sous-poil doux qui ressemble à de la charpie, et un poil de couverture plus dur, pas « fil de fer » mais donnant au toucher l'impression d'être rêche. Le poil ne doit pas tomber le long du dos en formant une raie, mais il doit s'étendre en houppes, à

Dandie-Dinmont poivre. (© Bernard Lebourg)

cause des poils durs qui traversent le sous-poil plus doux. Les membres antérieurs ont une frange d'environ 2 pouces de longueur (5 cm). Le dessus de la queue est couvert d'un poil dur (fil de fer), le dessous n'est pas aussi dur, et présente une frange bien dessinée de poils plus doux.

COULEUR

Poivre

Elle va du noir tirant sur le bleu foncé jusqu'au gris argent clair, les teintes intermédiaires étant préférées.
La couleur du corps descend bien sur les épaules et les hanches en se fondant graduellement dans la couleur des membres et des pieds, laquelle varie, selon la couleur du corps, d'un feu intense au fauve pâle. Toupet abondant blanc argenté.

Moutarde

Va du brun rougeâtre au fauve pâle.
Le toupet abondant est blanc crème.

Dandie-Dinmont poivre. (© Bernard Lebourg)

Dandie-Dinmont moutarde. (© Bernard Lebourg)

© *Français/Cogis*

Les membres et les pieds sont un ton plus sombre que la tête.
Pour l'une ou l'autre des couleurs, les franges des membres antérieurs sont plutôt plus claires que le poil du devant du membre.
Un peu de blanc sur le poitrail et les ongles blancs sont admis. Les pieds blancs sont un défaut. Le poil du dessous de la queue est un peu plus clair que celui du dessus qui, lui, doit être plus foncé que le poil du corps.

Poids

18-24 livres (8 à 11 kg), pour des chiens en bonne condition de travail. On préfère des poids légers.

Défauts

Tout écart par rapport à ce qui précède doit être considéré comme un défaut qui sera pénalisé en fonction de sa gravité.
NB : les mâles doivent avoir deux testicules d'apparence normale complètement descendus dans le scrotum.

La grosse tête est vraiment caractéristique du Dandie. (© Hermeline/Cogis)

COMMENTAIRES AU PREMIER STANDARD

Le standard de ce chien est tellement particulier que l'on peut considérer que tout ce qui est qualité chez lui serait défaut pour une autre race.

Aspect général
La grosse tête et le corps allongé sont vraiment caractéristiques de cette race. Le poil résistant aux intempéries prouve que ce chien fut un chien de chasse, voire un chien de ferme.

Caractéristiques
Il est précisé que ce chien est « apte au travail », une nouvelle fois cela prouve ses aptitudes à la chasse au terrier, aptitudes qui ont peu a peu disparu dans les salons. Il serait intéressant de tenter de redonner au Dandie son envie de chasser.

Tempérament
C'est un chien au caractère à la fois facile et affirmé. Contrairement à son cousin le Teckel à poil dur, les mâles ont un caractère moins brumeux.

Tête et crâne
La tête est caractéristique. Il convient de ne pas trop accentuer ses traits avec le toilettage.
Nous reviendrons sur le toilettage, nous sommes pour notre part pour un toilettage très léger qui ne masque pas trop la silhouette du chien.

Yeux
La couleur noisette doit être la seule autorisée. S'ils sont globuleux, cela peut être une preuve de dégénérescence.

Oreilles
Elles sont plutôt grandes compte tenu de la taille du chien. On peut considérer qu'elles sont de forme triangulaire, et toujours un ton au-dessus par rapport à la couleur de la robe.

Bouche
Les canines sont particulièrement puissante chez un si petit chien. Ces canines très fortes viennent de l'époque où le Dandie chassait. L'intérieur de sa bouche doit toujours être foncé, et surtout ne jamais être rose.

Cou
Il est légèrement rentré dans les épaules. Un cou trop long serait éliminatoire.

Les oreilles du Dandie sont plutôt grandes. (© Français/Cogis)

Corps
On peut considérer que le dos du Dandie est légèrement ensellé, ce qui serait un défaut chez toute autre race canine.

Avant-main
Certains individus, à cause de la petite taille du chien, pourraient avoir les membres antérieurs arqués, un peu à la manière du Bulldog. Ces chiens doivent être retirés de la reproduction.

Standard en vigueur actuellement
(standard FCI n° 168/01-12-1997)

Aspect général

Tête caractéristique, avec une belle couverture de poils soyeux et de grands yeux pleins d'intelligence et de sagesse, qui compensent un corps long, bas, comparable à celui d'une belette. Membres courts et forts ; poil résistant aux intempéries.

Comportement/caractère

Terrier plein d'allant et apte au travail. Indépendant, très intelligent, résolu, tenace, sensible, affectueux et digne.

Tête

Très solidement construite, forte mais proportionnée à la taille du chien. Les muscles et plus spécialement les muscles maxillaires présentent un développement extraordinaire.

Région crânienne

Le crâne est large ; il diminue graduellement de largeur vers les yeux. La distance de l'angle interne de l'œil à l'occiput est à peu près égale à la largeur entre les oreilles. Le front est bien bombé. La tête est couverte d'un poil très doux et soyeux, qui ne doit pas être restreint à un simple toupet.

Région faciale

– *Truffe* : noire.
– *Chanfrein* : il mesure les trois cinquièmes de la longueur du crâne. La région supérieure du museau comporte une partie triangulaire sans poil dont le sommet est dirigé vers l'arrière, en direction des yeux et dont la base mesure environ un pouce (2,5 cm) à la truffe.
– *Joues* : s'amenuisant graduellement vers le museau qui est haut et fort.
– *Mâchoires/dents* : les mâchoires sont fortes avec un articulé en ciseaux parfait, régulier et complet, c'est-à-dire que les incisives supérieures recouvrent les incisives inférieures dans un contact étroit et sont implantées à l'aplomb des mâchoires. Tout prognathisme est répréhensible. Les dents sont très fortes, et en particulier les canines qui ont un développement extraordinaire pour un si petit chien. Les canines s'articulent bien, afin de donner la prise la plus forte possible et la puissance la plus terrible. L'intérieur de la bouche est noir, ou de couleur foncée.
– *Yeux* : couleur noisette ou foncé soutenu. Bien écartés, disposés bas,

© Français/Cogis

ils sont grands, vifs, remplissant bien l'orbite, mais pas globuleux.

Oreilles

Tombantes. Elles sont attachées bien en arrière, et bien écartées. L'attache est basse. Elles pendent tout contre les joues avec une très légère saillie à la base. Elles sont larges à l'attache, et s'effilent quasiment en pointe, la ligne antérieure de l'oreille formant presque une droite, menée du point de jonction avec la tête jusqu'à l'extrémité. Le cartilage et la peau de l'oreille sont très fins. La longueur de l'oreille est de 3 à 4 pouces (7,6 à 10 cm). La couleur des oreilles doit s'harmoniser avec celle de la robe. Quand la robe est poivre, les oreilles sont couvertes d'un poil doux, droit et de couleur foncée (dans certains cas, pratiquement noir). Chez les chiens à robe moutarde, le poil de l'oreille doit être de couleur moutarde, un peu plus foncé que la robe, mais pas noir. L'un et l'autre doivent avoir une mince frange de poil clair, prenant naissance à environ 2 pouces (5 cm) de l'extrémité, d'une couleur et d'une texture presque identiques à celles du toupet, qui semble donner à l'oreille une pointe distincte. Il est possible que cette frange n'apparaisse qu'à l'âge de deux ans.

Cou

Très musclé, bien développé et fort, offrant une grande puissance. S'insère bien dans les épaules.

Corps

Long, fort et souple.

– *Dos* : assez bas au niveau de l'épaule, présentant une légère courbure descendante et, par voie de conséquence, une arcure au niveau du rein et une chute légère et graduelle du sommet du rein à la naissance de la queue. Tout le dessus est bien musclé.
– *Poitrine* : bien développée et bien descendue entre les membres antérieurs.
– *Côtes* : bien cintrées et rondes.

Queue

Plutôt courte, de 8 à 10 pouces (20 à 25 cm), assez épaisse à la naissance, elle s'épaissit encore pendant 4 pouces (10 cm) et ensuite s'amenuise jusqu'à son extrémité. Elle ne doit pas être tordue ni enroulée en aucune façon, mais présenter une courbure analogue à celle d'un cimeterre. Lorsque le chien est en action, l'extrémité est à la perpendiculaire de l'attache de la queue. Elle ne doit être attachée ni trop haut ni trop bas. Quand le chien n'est pas en action, elle est portée gaiement un peu au-dessus du niveau du corps.

Membres

Avant-main

Les membres antérieurs sont courts, avec un formidable développement des muscles et de l'ossature. Ils sont bien écartés, et la poitrine est bien descendue entre eux. Les membres arqués sont un grave défaut.
– *Épaules* : bien inclinées, mais sans lourdeur.
– *Avant-bras* : prolongent la ligne du poitrail.
– *Pieds antérieurs* : tournés vers l'avant ou légèrement en dehors, en station debout.

Arrière-main

Les membres postérieurs sont un peu plus longs que les membres antérieurs. Ils sont disposés assez loin l'un de l'autre, mais pas écartés dans une attitude forcée.
– *Cuisses* : bien développées.
– *Grassets* : angulés.
– *Jarrets* : bien descendus. On a coutume d'enlever les ergots quand il y en a.
– *Pieds postérieurs* : ronds et pourvus de bons coussinets. Les pieds postérieurs sont plus petits que les pieds antérieurs. Les ongles sont noirs, mais de nuance différente selon la couleur du corps. Les pieds plats ou les doigts écartés sont de graves défauts.

Allures

L'impulsion vient de l'arrière, elle est forte et droit devant, donnant une enjambée souple, dégagée et facile, avec une bonne extension des antérieurs. Une allure guindée, raide, sautillante et les membres antérieurs qui tricotent sont très répréhensibles.

Robe

Poil

Caractéristique très importante de la race. Le poil est double avec un sous-poil de couverture plus dur, pas « fil de fer » mais donnant au toucher l'impression d'être rêche. Le poil ne doit pas tomber le long du dos en formant une raie, mais il doit s'étendre en houppes, à cause des poils de couverture plus durs qui traversent le sous-poil plus doux. Les membres antérieurs ont une frange d'environ 2 pouces de longueur (5 cm).
Le dessus de la queue est recouvert d'un poil dur (fil de fer), le dessous n'est pas aussi dur, et présente une frange bien dessinée de poils plus doux.

COMMENTAIRES AU SECOND STANDARD

Ce second standard était indispensable dans la mesure où il définit encore mieux le Dandie. Avec un développement de la race tel qu'on l'espère, il y a fort à parier que certains sujets seront de plus en plus sophistiqués. Est-ce bien utile ? Le fait d'utiliser un Dandie à la chasse ne modifiera pas pour autant son caractère, mais, mieux, peut permettre de stabiliser le caractère de certains mâles dominants qui ont bien besoin d'exercice. En un mot, un chien de chasse n'a jamais été un fauve, et il aime toujours autant le canapé.

Comportement/caractère
Il est précisé qu'il s'agit d'un terrier « apte au travail », et pas uniquement un terrier de salon.

Mâchoires/dents
Le Dandie possède l'une des mâchoires les plus impressionnantes que l'on connaisse, compte tenu de sa petite taille. Lorsque le Dandie tient, il ne lâche plus.

Yeux
Couleur noisette et surtout pas globuleux.

Queue
Une nouvelle fois les traducteurs de standards devront nous préciser ce qu'est une queue portée « gaiement ».

Allures
Le Dandie est une « propulsion arrière » qui donne un peu l'impression qu'il sautille lorsqu'il marche. En aucun cas il ne doit marcher sur la pointe des pieds comme certains sujets américains entraînés sur tapis roulants.

Poids
Le standard précise bien « on préfère les poids légers », ce qui veut dire que les Dandies de 15 kg sont hors standard.

Couleur

Poivre ou moutarde.
– *La couleur poivre* va du noir tirant sur le bleu foncé jusqu'au gris argent clair, les teintes intermédiaires étant préférées. La couleur du corps descend bien sur les épaules et les hanches en se fondant graduellement dans la couleur des membres et des pieds, laquelle varie selon la couleur du corps, d'un feu intense au fauve pâle. Toupet abondant blanc argenté.
– *La couleur moutarde* va du brun rougeâtre au fauve pâle. Le toupet abondant est blanc crème. Les

membres et les pieds sont d'un ton plus sombre que la tête.
Pour l'une ou l'autre des couleurs, les franges des membres antérieurs sont plutôt plus claires que le poil du devant du membre. Un peu de blanc sur le poitrail et les ongles blancs sont admis. Les pieds blancs sont un défaut. Le poil du dessous de la queue est un peu plus clair que celui du dessus qui, lui, doit être plus foncé que le poil du corps.

Poids

18-24 livres anglaises (8 à 11 kg), pour des chiens en bonne condition de travail. On préfère les poids légers.

Défauts

Tout écart par rapport à ce qui précède doit être considéré comme un défaut qui sera pénalisé en fonction de sa gravité.
NB : Les mâles doivent avoir deux testicules d'apparence normale complètement descendus dans le scrotum.

Points de non-confirmation

À destination des juges et des confirmateurs (source : Club des Terriers d'Écosse).

Type général

Manque de type (insuffisance de caractères ethniques qui fait que l'animal dans son ensemble ne ressemble plus suffisamment à ses congénères de la même race).
Taille non comprise dans les limites du standard : 20-28 cm.

Points particuliers dans le type

Mutilations ou opérations destinées à cacher un défaut ou à modifier un état.
Yeux globuleux.
Chanfrein plus long que le crâne (occiput au stop).
Jarrets clos. (L'expression « jarrets clos » s'emploie en principe pour les chevaux. En fait, il s'agit de jarrets trop rapprochés par leur pointe, on dit également « jarrets crochus ».)
Queue tordue ou enroulée, ou cassée ou nouée.

Robe

Poils frisés.
Yeux clairs.
Yeux vairons.

Anomalies

Monorchidie, cryptorchidie, testicule non complètement descendu.
Béance (ouverture anormale de la

gueule) laissant passer la langue (2 mm ou plus). Prognathisme supérieur ou inférieur. Manque d'incisive ou de canine, même une seule. Tare invalidante repérable.

Caractère

Agressivité ou crainte excessive. Caractère et comportement du sujet rendant son examen difficile.

LIGNE DE DOS

Ligne de dos correcte.

Ligne de dos trop courbée vers l'arrière. Pas d'encolure. Queue trop basse.

Ligne de dos trop droite. Dos trop court.

LIGNE DE DOS

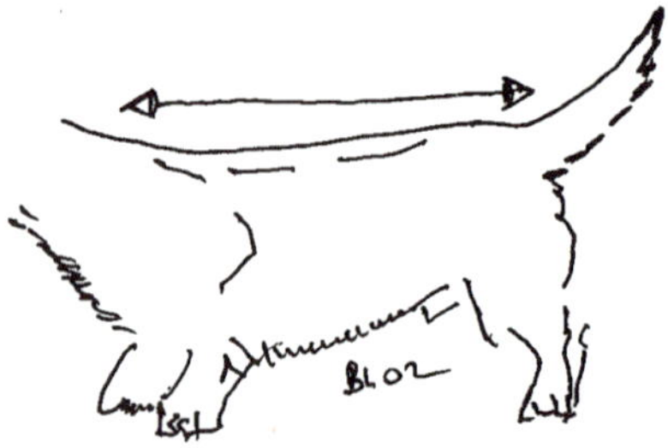

Encolure insuffisamment développée. Mauvaise courbe de la ligne de dos.

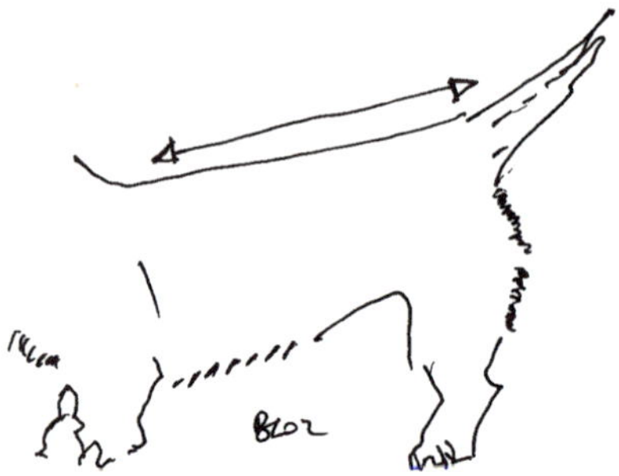

Ligne de dos trop droite. Arrière-main trop élevée.

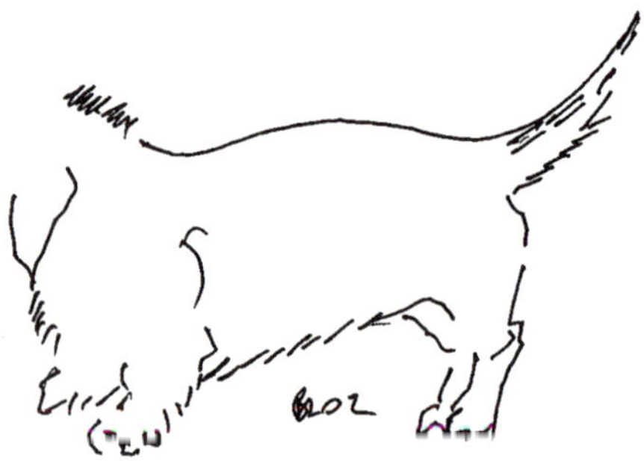

La ligne de dos part trop vite de l'encolure. Dos carpé.

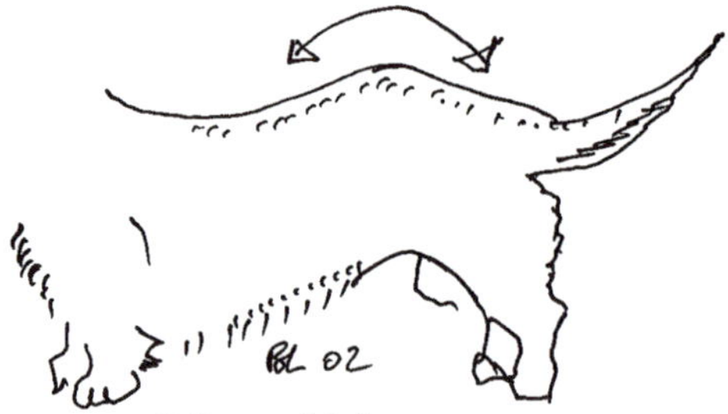

Courbure trop accentuée au niveau des reins et descente trop rapide sur la queue.

Acquérir un Dandie-Dinmont

Un choix volontaire pour un chien particulier

Pourquoi vouloir acheter un Dandie-Dinmont Terrier ? On pourrait se poser cette question pour l'ensemble des races en insistant bien sur le fait que chaque race possède une tendance quant au caractère des différents individus qui la composent. Le Dandie-Dinmont Terrier est un chien bien à part, que certains pourraient trouver très laid. Son côté dynamique, son air de fonceur, son petit format devraient en faire un chien à la mode. Pourtant son toilettage rebute peut-être certains acheteurs potentiels, à moins que l'absence de communication sur cette race de la part du club ou de la SCC explique le peu d'intérêt porté à la race. C'est pourtant un chien sympathique, à la gueule avenante, chien de ferme devenu chien de compagnie qui ne demande qu'à être aimé pour sa spécificité, pour son caractère.
Laissons de côté le « syndrome de Walt Disney », à savoir prendre un chien pour un personnage de bande dessinée. Il s'agit d'un être de chair et de sang qu'il faut sortir plusieurs fois par jour, qu'il faut alimenter, et soigner le cas échéant. Lorsque les responsables nationaux de l'élevage canin en France seront à même de faire passer ce message, nous verrons enfin les naissances de chiens de race augmenter.

Où l'acheter ?

Tant que le commerce des chiens (des chats et des oiseaux) ne sera pas vraiment réglementé, en France,

Il est indispensable d'acheter son Dandie chez un éleveur propriétaire d'un affixe. (© Gauzargues/Cogis)

nous sommes à la merci de vendeurs indélicats. Il est donc indispensable d'acheter son Dandie-Dinmont Terrier chez un éleveur propriétaire d'un affixe, ce qui est relativement facile compte tenu du peu de naissances.

Le club de race mettra éventuellement à votre disposition un animal conforme au standard tant sur le plan physique que sur le plan psychologique. Certes le Dandie-Dinmont Terrier n'est pas un chien qui a des tendances caractérielles, pourtant la race est peu représentée, et certains pourraient être tentés de vendre n'importe quoi. L'éleveur a passé un contrat avec la SCC, ce qui l'oblige à ne vendre que des chiens de race et de qualité, de plus, la loi de 1988 protège maintenant l'acheteur qui peut se faire rembourser l'animal au cas où celui-ci ne serait pas conforme à la race recherchée.

Comment acheter son Dandie-Dinmont Terrier ?

Tout d'abord, décidez-vous sur le sexe. La femelle est en général plus douce que le mâle mais le fait qu'elle soit fécondable deux fois par an entraîne une surveillance assidue pour éviter les risques de « mésalliance ». Une fois votre choix arrêté, faites le tour des portées disponibles et laissez parler votre cœur en tenant compte malgré tout du passé des géniteurs ou des réussites en exposition de l'affixe (voir p. 127 le tableau sur les grands affixes français). Un fils de champion deviendra-t-il champion à son tour ? C'est bien difficile de le dire, mais les gènes existent.

Choisissez votre chien quand il aura 2 semaines environ. À cette période, le choix reste aléatoire, mais sans aller jusqu'à la méthode scientifique dite de Campbell (qui, soit dit en passant, doit être adaptée à chaque race), on peut dire, dans les grandes lignes, que le plus petit chien de la portée sera un « dominé » alors que le plus gros sera un « dominant ».

Une fois le choix définitif fait, retenez-le auprès de l'éleveur en lui versant des arrhes (il délivrera un reçu), donnez un nom à votre chien en fonction de la lettre de l'année. Cette dernière attention permettra à l'éleveur d'habituer votre chien très jeune à son nom et, si ce n'est pas trop loin, venez le voir de temps en temps pour qu'il commence à s'habituer à vous.

Vous irez chercher votre chiot Dandie-Dinmont lorsqu'il aura 6 à 7 semaines, en début de sevrage. En échange de votre règlement, l'éleveur vous remettra une attestation de vente, une carte de tatouage ou d'immatriculation, un certificat de naissance (inscription provisoire au Livre des origines français, l'inscription définitive sera délivrée deux mois plus tard) et le carnet de vaccinations du chiot qui devra comporter le tampon du vétérinaire et la ou les vignettes des vaccins.

L'arrivée à la maison

Vous êtes prêt à aller chercher votre chiot chez l'éleveur en voiture ou en train. Quand vous irez le chercher, ne soyez pas plus de deux.

L'habituer à la voiture très jeune est une bonne chose, d'autant plus qu'en principe il adorera cela, surtout pour aller en balade. Si le trajet est un peu long, arrêtez-vous plusieurs fois pour lui donner à boire et lui permettre de faire ses besoins. Arrivé à la maison, il va falloir être très calme, surtout si vous avez une nombreuse famille. Demandez aux enfants de ne pas trop le toucher au début. Montrez-lui sa gamelle pour boire, son panier et ses jouets (indispensables) et l'endroit qui lui est réservé pour faire pipi (un carré de papier journal).

Il sera vite propre mais il risque d'y avoir quelques semaines difficiles. Apprenez-lui donc à faire ses besoins sur un journal, il comprendra très vite et s'appliquera à ne pas dépasser la zone à utiliser. Félicitez-le chaque fois de la voix et de la main, sa petite queue frétillera, ce qui voudra dire qu'il est heureux et qu'il a compris. Très vite, il vous demandera de sortir car le Dandie-Dinmont Terrier, comme tous les terriers, aime la nature et le grand air. Le pipi est une question d'éducation qui vient très vite avec un minimum de patience. Prévoyez cependant un stock de journaux ! Le mordillement est également une question de patience. Pour les premiers jours, il vaut mieux prévoir des jouets ronds en caoutchouc, impossibles à avaler et qui permettent au jeune chiot de faire ses dents. Si vous avez des meubles fragiles, protégez-les malgré tout, mais, encore mieux, apprenez à votre chiot que c'est interdit.

Autre apprentissage dès l'arrivée : celui de la solitude. C'est une situation qu'il n'a encore jamais connue. En effet, il a toujours été en compagnie de sa mère ou de ses frères et sœurs. Or le Dandie-Dinmont est un chien qui reste parfaitement seul et sage chez lui durant plusieurs heures, surtout si vous devez l'habituer à vivre au chenil. N'hésitez donc pas, dès le premier jour, à le laisser seul une heure environ dans un emplacement bien déterminé, où il ne risque rien, et vous verrez la fête qu'il fera à votre retour. Enfin la dernière phase importante est la première nuit. Il avait l'habitude de dormir blotti avec sa famille canine. Cette chaleur va lui manquer. Prévoyez donc une couverture dans son panier pour qu'il puisse s'y lover.

Vous avez craqué... (© Labat/Cogis)

L'intégrer dans un lieu nouveau

Le petit Dandie-Dinmont Terrier va passer de chez l'éleveur à la maison ou l'appartement de son maître et de sa maîtresse, c'est-à-dire passer de l'état d'animal à celui d'animal de compagnie. S'il a été élevé dans une famille, l'apprentissage sera déjà plus facile puisqu'il connaît les bruits familiers (télévision, enfants, voitures, etc.) et est déjà habitué à un environnement humain (cuisine, salle à manger, salon, chambre, etc.). En revanche, s'il a été élevé d'une façon moins traditionnelle, en chenil, tout, pour lui, est nouveau. Il quitte une autorité, celle de la mère, pour en découvrir une autre, celle du maître. Le maître doit donc, dès les premiers instants, faire comprendre au jeune Dandie-Dinmont Terrier qu'il est le « chef de meute », donc lui apprendre où et quand il doit faire ses besoins, où et quand il doit manger, quel est son territoire, les endroits qui lui sont interdits et ceux qui lui sont autorisés, ce qu'il faut faire et ce qu'il ne faut pas faire, où finit le jeu et où commence la brutalité.

Le Dandie est très doux et très joueur avec les enfants. (© Lanceau/Cogis)

© Gauzargues/Cogis

Le jeune Dandie-Dinmont Terrier, comme tous les jeunes chiots, est à la fois curieux et peureux.
Curieux parce qu'il s'éveille à la vie, peureux parce que tout est nouveau, tout surprend. Il attend de votre part que vous lui fassiez découvrir son nouveau domaine que très vite il respectera, aimera et protégera. Soyez malgré tout patient avec le jeune animal, surtout s'il est sorti de son parc chez l'éleveur.
Des exercices aussi simples que passer une porte peuvent lui paraître une aventure. Il ne tient qu'à vous que cela se banalise. Mais, attention, vous avez un nouveau compagnon doué d'une intelligence supérieure à la moyenne canine : alors si vous ne voulez pas qu'il réalise tel ou tel exercice (monter sur le lit, par exemple) ne le lui montrez jamais, car une fois l'exercice assimilé il l'est pour toujours.

Vivre avec les hommes

Le caractère « terrier » du Dandie-Dinmont en fait un chien relativement facile à élever. Certes, d'entrée de jeu, il faudra une main de fer dans un gant de velours vis-à-vis des jeunes chiots mais, contrairement à d'autres races, il n'essaiera pas d'imposer son caractère ou sa volonté à ses maîtres et au clan qui l'entoure. Avec les enfants, il se montre très doux et très joueur.

Une sociabilité de chien de chasse

N'oublions jamais que le Dandie-Dinmont est à l'origine un chien de chasse, un chasseur de rats et de renards. Si petit à petit le salon a remplacé la cour de ferme ou le chenil, il n'en reste pas moins que les gènes existent toujours, que le caractère est toujours aussi affirmé, toujours aussi présent.
Cela veut dire que, contrairement à son aspect et à son apparence, le Dandie est tout sauf un chien en peluche. Puisque nous parlons ici des origines de chasseur du Dandie, il serait bon que certains éleveurs tentent le pari de faire dresser des éléments naturellement doués pour la chasse. Que personne ne m'oppose le fait qu'en le dressant à la chasse le Dandie perd ses qualités de chien de compagnie, bien au contraire. De plus un chien de chasse n'a jamais dévoré ses maîtres.

UN TERRIER DE COMPAGNIE

Par Charlotte Tessier-Sonnier, éleveuse de Dandies

Le Dandie est un chien du 3e groupe. Il est agréable de vivre avec lui. Sociable, il accueille bien volontiers tous les visiteurs, famille, amis, étrangers, en aboyant de sa puissante et grave voix sonore, pour montrer sa convivialité et expliquer qu'il aime bien la compagnie des humains et surtout la vie de famille. Mais aussi pour faire savoir qu'en bon terrier il a le flair, qu'en petit curieux il a sous sa surveillance les entrées et sorties, repère les mouvements de foule, qu'en indicateur courageux ne connaissant pas le danger il appelle à l'attention...

Et s'il n'y a pas danger, il saura se taire vite car il n'aboie pas à tout va mais à bon escient.

La vie commune est facile. Il est très présent à vos côtés et à toutes vos activités. C'est un actif, plein d'allant, à l'esprit d'initiative, persévérant et d'une grande détermination dans tout ce qu'il entreprend, tendre et obéissant car plein de sagesse, de bon sens et de raison.

C'est un joyeux, qui a le sens de l'humour, drôle quand il se singularise par des attitudes ou des jeux peu communs.

C'est un grand sensible. Il a horreur que l'on se moque de lui et restera digne dans cette occasion.

C'est un petit boudeur. Si quelque chose lui a déplu, il vous le fera savoir en restant dans son coin, vous ignorant. Vous aurez beau passer devant lui, il ne vous regardera pas, il pourra même détourner son regard sur votre passage. Cet entêtement risque de durer.

Souvent c'est vous qui ferez le premier pas... et il en sera très heureux car il sait bien qu'il reste votre tout dévoué et que vous avez besoin tous les deux l'un de l'autre au plus tôt.

C'est un paisible. Il aime les enfants. Dépourvu d'agressivité, il ne cherche pas d'histoires aux autres chiens venant dans sa maison ou se trouvant sur son chemin, ce qui est très important et vous permet de marcher avec lui sans laisse.

C'est un courageux qui ne se plaint jamais, même quand il a mal.

Vous pouvez le sortir, il se tiendra correctement et ne sera pas bruyant. Il est à l'aise partout et s'adapte aux choix de ses maîtres.

Ses grands yeux ronds, doux et nostalgiques vous regarderont intensément droit dans les yeux pour vous dire combien il vous aime.

C'est à l'évidence un chien avec beaucoup de qualités qui a tout pour plaire. Le Dandie est un chien qui se mérite. Son espérance de vie canine est importante. Il peut dépasser les 15 ans.

L'éducation

Une fois que votre nouvel ami aura fait la connaissance de son environnement immédiat, après qu'il aura eu son second vaccin lui permettant de ne plus craindre les maladies contagieuses, il pourra sortir avec vous dans la rue et les lieux publics.
Les sorties dans la rue sont indispensables afin d'apprendre la propreté car, même si vous possédez un jardin, il est préférable que votre chien prenne l'habitude de se soulager dans le caniveau plutôt que sur votre pelouse. Les sorties sont également nécessaires pour permettre au jeune chien d'apprendre la ville avec ses bruits et ses dangers. Il ne faut pas mettre votre chien sous une bulle mais lui permettre de rencontrer d'autres humains que ceux de la famille sans pour autant se montrer ni trop familier ni trop agressif et lui apprendre à réagir de la même façon avec ses congénères. Lorsque les chiens vivent en meute, ils connaissent, d'instinct, la place qui leur est dévolue, mais dès qu'ils quittent le cocon familial pour ne plus vivre qu'avec des humains, ils ont tôt fait d'oublier ces règles fondamentales. Il faudra donc, très jeune, mettre votre ami en contact avec d'autres chiens afin que non seulement il les respecte mais également qu'il se fasse respecter.
Sortir dans la rue ne peut se faire qu'avec un collier et une laisse, objets totalement incongrus pour un chien, il y a donc un apprentissage à mettre en œuvre.
On commencera par le collier qui

Les sorties sont indispensables. (© Gauzargues/Cogis)

Il faut permettre à votre Dandie de rencontrer d'autres humains que ceux de la famille. (© Gauzargues/Cogis)

pourra être remplacé à l'intérieur de la maison par un petit ruban. Certains éleveurs d'ailleurs commencent à habituer les chiots très jeunes au port du collier au moyen d'un fil de laine ou d'un ruban de couleur. Ce moyen permet de reconnaître le jeune chiot dans la portée en employant des couleurs différentes et permet également de lui apprendre à supporter la contrainte du collier. La deuxième étape consistera à lui passer son vrai collier (petit collier en cuir rond) avec la laisse au bout. On laissera l'animal se déplacer seul dans l'habitation ainsi harnaché. De fait il fera traîner la laisse par terre. De temps en temps, vous reprendrez la laisse en main en lui montrant le côté de cette laisse qui vous est dévolu. Bien entendu cette manipulation ne se fera qu'un petit moment dans la journée, quitte à la répéter plusieurs fois.

Apprendre à marcher

Si vous ne voulez pas que votre nouveau compagnon sorte les « aérofreins » en s'aplatissant sur le sol dès la première sortie, il y a tout lieu de réaliser les deux pre-

Vérifiez que le collier est solide et que la tête ne peut pas passer au travers. (© Français/Cogis)

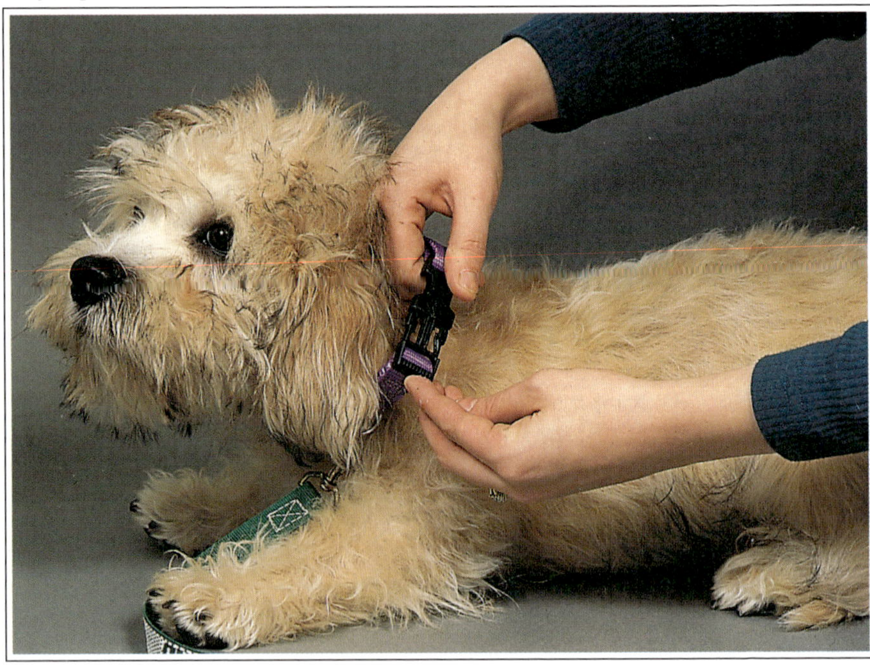

miers exercices précédemment cités. La troisième étape consistera à sortir enfin le chien dehors. Vérifiez bien que le collier est solide et que la tête ne peut pas passer au travers du collier. Emmenez-le dans un endroit tranquille (parc ou square autorisés) et laissez-le marcher à sa guise sans pour autant qu'il tire sur la laisse. Au bout de quelques minutes, accroupissez-vous tout en tirant sur la laisse et en appelant votre chien par son nom. Auparavant, vous aurez pris une friandise pour chiens (surtout pas de sucre) dans votre poche et vous récompenserez ainsi votre animal. Répétez deux à trois fois l'opération avec des gestes doux. Très vite, il prendra cela pour un jeu, il saura qu'il doit marcher avec son maître sans tirer et revenir vers lui lorsque celui-ci l'appelle par la voix et par le geste (laisse).

Marcher aux côtés de son maître

Avec les jours qui passent, le jeune Dandie-Dinmont Terrier va devenir de plus en plus fougueux et va vouloir vous entraîner à sa suite dans sa découverte du « nouveau monde ». Il faut savoir qui promène l'autre, pour cela il est indispensable de lui apprendre la marche au pied. Ne croyez pas que seuls les gros chiens « promènent » leur maître, les petits aussi, hélas ! Pour l'apprentissage ou la marche à côté de son maître, on utilisera une laisse de 1,20 m et un petit collier rond en cuir. Vous n'utiliserez la laisse à enrouleur que lorsque votre chien aura tout compris. Avant de le faire travailler, laissez-le se défouler en liberté dans un endroit clos, ensuite, reprenez-le en laisse et commencez l'apprentissage : marchez alors d'un bon pas en le tenant près de votre jambe et chaque fois qu'il tire, secouez la laisse en disant « Non » et relâchez la tension tout de suite après. Lorsqu'il ne tire pas, félicitez-le en lui donnant éventuellement des friandises et en précisant, tout en tapotant votre cuisse : « c'est bien, au pied ».
Vous répéterez cet exercice le plus souvent possible, mais pendant peu de temps, c'est-à-dire deux à trois fois pendant cinq minutes par jour.
Petit à petit, votre chien comprendra que, pour faire plaisir à son maître, il doit marcher à côté de lui. La plupart des chiens cherchent à courir et à découvrir le monde. En les félicitant, vous obtiendrez assez facilement des résultats s'ils marchent bien au pied. Les traînards (qui sont souvent peureux) sont beaucoup plus difficiles à motiver.
La promenade du jeune chien sera donc obligatoirement composée d'une séance de travail (marche au

© Français/Cogis

pied) et d'une longue partie réservée à la détente. Vous ne devez pas faire de votre animal un chien de cirque mais un chien sociable. La contrainte ou les exercices trop longs n'ont jamais rendu un chien intelligent.

Les ordres

Combien de mots le Dandie-Dinmont Terrier peut-il comprendre ? Sans faire de dédoublement de personnalité ou vouloir attribuer au Dandie-Dinmont Terrier une intelligence qu'il ne possède pas forcément, nous pouvons affirmer qu'il fait certainement partie des races intelligentes. Le Dandie-Dinmont Terrier comprend tout très vite. Mais, également très vite, il a tendance à n'en faire qu'à sa tête, c'est pour cela qu'il faut commencer doucement par des ordres simples et répétés plusieurs fois avec récompense à l'appui. Cependant, le Dandie-Dinmont Terrier n'est surtout pas le style « assis-couché », terrier oblige. Les ordres doivent toujours avoir un rapport avec la vie ambiante, l'environnement immédiat ou la situation. Donc pas d'excès idiot d'autorité qui vous ferait donner des ordres à tort et à travers à votre

Le Dandie comprend tout très vite. (© Gauzargues/Cogis)

chiot, il ne comprendrait pas où vous voulez en venir et vous réussiriez l'inverse du but recherché. Le premier ordre qu'il doit apprendre très vite est « Non ». Ce « Non » doit représenter, chez lui, l'interdit que l'on utilisera pour canaliser le caractère du jeune chiot. Petit à petit, son vocabulaire s'enrichira au point qu'il faudra éviter quelquefois, dans la conversation, d'employer certains mots au risque de voir votre animal réagir. Réflexe de Pavlov ou intelligence ? Encore une fois les animaux stupides n'existent pas, certains auront plus de dispositions que d'autres, certains auront des maîtres plus attentifs que d'autres. C'est pourquoi, si tous les chiens ne sont pas égaux, c'est essentiellement dû aux humains.

Les jeux

Jouez et vous serez heureux ! Cela pourrait être le mot d'ordre donné aux propriétaires de Dandies. En effet, notre ami reste tout au long de sa vie un chien particulièrement joueur à l'esprit inventif. Contrairement à certaines races qui attendent que le maître lance le bâton ou la balle pour ramener l'objet servilement, le Dandie-Dinmont Terrier, lui, provoque le jeu en l'inventant, avec quelquefois des règles pas toujours faciles à comprendre. Jeune, il aura des jeux relativement débridés, voire violents, en vieillissant, ses jeux deviendront plus fins, voire « intellectuels ». « Apporte la baballe ! » Non, pas le Dandie-Dinmont Terrier ; en revanche, il est capable de cacher la balle, de la jeter en l'air pour la rattraper en vol ou de vous l'apporter en pleine nuit parce que subitement il a envie de jouer. Le jeu fait partie intégrante de la vie du Dandie-Dinmont Terrier, avec son maître, avec des personnes de son « clan » (enfants, amis), ou tout seul.

Le jeu est à la fois un défoulement et une source de création qui s'appelle « faire des blagues ». Dans ses jeunes années, il faudra canaliser les jeux pour ne garder que ceux qui sont acceptables. La cueillette des fleurs du jardin ou des feuilles des plantes d'appartement fait partie de ses trouvailles. Il les apporte très fier de lui à son maître comme s'il venait de réaliser un véritable exploit. Il faut donc lui expliquer fermement qu'il s'agit d'un jeu interdit. « **Interdit** » est l'un des premiers mots que le jeune Dandie-Dinmont doit pouvoir comprendre et, comme il est intelligent, il comprendra que tout ce qui n'est pas interdit est autorisé.

Le Dandie-Dinmont Terrier, comme tous les terriers, est particulièrement taquin et malin. Le jeu fait donc partie intégrante de sa vie.

Jouez et vous serez heureux ! (© Gauzargues/Cogis)

Le jeu fait partie intégrante de la vie du Dandie. (© Gauzargues/Cogis)

Les sorties

Si le Dandie-Dinmont Terrier est capable de passer de longues heures à l'intérieur, il a aussi besoin de sorties régulières, soit longues, soit plus courtes. Les sorties courtes peuvent avoir pour lieu le jardin si celui-ci est très bien clos. Les sorties courtes sont réservées au petit pipi, les plus longues pour la « grosse commission » mais également pour entretenir sa forme. Il serait bon qu'un Dandie-Dinmont Terrier ait au moins une heure de balade par jour par tous les temps, pluie comme neige. Ces promenades peuvent être interminables. Dans ce dernier cas, au retour, il faut vérifier les

Le Dandie a besoin de sorties régulières. (© Gauzargues/Cogis)

coussinets (partie intérieure « caoutchouteuse » du pied) et les huiler très légèrement à l'huile d'amande douce.
Au chapitre des sorties, nous ajouterons la sortie en voiture qui est également un grand plaisir pour le Dandie-Dinmont Terrier. Habitué jeune, il devient vite un passager attentif qui reconnaît les itinéraires (surtout celui pour aller chez le vétérinaire !) et fait de la voiture son domaine. Pour les longs parcours bien sûr il faut s'arrêter souvent mais c'est également valable pour les humains.
Du fait de sa petite taille, le Dandie-Dinmont Terrier peut être facilement emmené en voiture. Si vous le laissez seul dans votre véhicule, il faut que ce soit de très courte durée. En effet, les petits chiens sont devenus maintenant des proies faciles pour des voleurs sans scrupules. Pour être vraiment sûr, il ne faudrait jamais le laisser seul dans votre automobile.
En voiture, l'un des Dandies de Charlotte Tessier s'est, un jour, assommé sur le pare-brise en voulant sauter sur un cerf qui traversait la route, autant dire qu'il était attentif !

Règles de base

Les règles de base doivent être parfaitement assimilées avant six mois. Plus tard, le chien devient adulte et a déjà une personnalité bien affirmée, ce qui le rend plus difficilement malléable.
Outre le fait que le jeune mâle est légèrement plus dominant que la femelle, ces règles s'appliquent dans leur grande majorité aux deux sexes.

La propreté

Le Dandie-Dinmont Terrier est un chien plus propre que la moyenne. C'est donc relativement facile de lui inculquer cette règle. Cependant sa mémoire de jeune chiot l'accompagnera toute sa vie. Par exemple, si, chez l'éleveur, le chiot a été élevé sur de la paille, il recherchera ce matériau pour se soulager. Adulte, le Dandie-Dinmont Terrier se « retient » très bien (dans les limites du raisonnable) mais jeune, entre la 8e et la 12e semaine, il faudra être patient et en tout cas l'aider et l'encourager.
Les carnivores (le chien est un carnivore) sont des animaux naturellement propres dans leur univers proche.
Dans la nature, dès qu'ils sont capables de se déplacer seuls (c'est-à-dire entre la 3e et la 4e semaine), ils vont ramper en dehors de leur tanière pour faire leurs besoins. Au fur et à mesure qu'ils grandissent, ils vont faire

leurs besoins de plus en plus loin de leur cadre de vie.
Ce comportement de propreté naturelle existe également chez les chiens, ils suivront naturellement leur mère en dehors du « nid » surtout s'ils sont élevés en famille plutôt qu'en « batterie ».
Ce qui veut dire que lorsque le jeune chien arrive dans son nouveau foyer il est, en principe, naturellement propre. Cependant, c'est à son nouveau maître de percevoir très tôt les manifestations de volonté de propreté émises par le chiot.
Le journal qui sert au jeune ami à faire son pipi est décrié par certains, pourtant il permet de déterminer très tôt, dans l'esprit de l'animal, une zone réservée qui petit à petit devra le conduire dehors.
Si vous avez la chance de posséder un jardin clos, vous devez pouvoir habituer dès la première semaine votre chien à faire ses besoins dehors. Évitez de trop gronder, soyez attentif à la façon dont l'animal « appelle à l'aide » lorsqu'il se retient et ne soyez pas avare de félicitations et de « bravo » quand votre compagnon a fait au bon endroit.
Le jeune chien, perdu sans ses frères, va chercher refuge auprès de son nouveau maître, ce qui veut dire qu'il fera tout pour lui faire plaisir.
Lorsqu'il est récompensé ou encouragé, le jeune chien comprend qu'il fait plaisir à son maî-

IL MARQUE SON TERRITOIRE

*Les chiens, et en particulier les mâles, lorsqu'ils arrivent dans un lieu inconnu, ont un peu tendance à lever systématiquement la patte, histoire de marquer leur territoire. Cette pratique remonte à la nuit des temps, lorsque le chien sauvage, qui était encore très près du loup (*Canis lupus*), voulait bien faire savoir à des visiteurs non invités que le territoire était déjà occupé.*
Cette pratique ne peut, et ne doit pas être combattue, parce qu'elle est naturelle. En revanche, elle doit être canalisée, ne serait-ce que par mesure d'hygiène.
Dans son chenil, le chien va marquer les quatre coins, il est impossible de l'en empêcher, mais il faudra systématiquement nettoyer ces quatre coins à l'eau de Javel pour éviter les odeurs.
L'autre risque se présente lors d'une visite en dehors du territoire habituel du chien, par exemple chez des amis. Le « lever de patte » est toujours possible, mais dans ce cas il ne s'agit plus d'hygiène mais d'éducation. Cela est à prendre très tôt en considération

tre et c'est pourquoi il recommencera.
La première règle de base est donc la propreté.
Elle viendra d'autant plus vite dans la vie du chien que son maître sera attentif.
Ne pas sortir son jeune chien lorsqu'il le demande est à la fois scandaleux et stupide.
Scandaleux car un chien n'est pas un jouet en peluche et faire pipi et le reste sont indispensables à sa vie. Stupide car en n'étant pas à l'écoute de son chien, on retardera d'autant la date de propreté définitive.

L'OBÉISSANCE

La deuxième règle de base pour un jeune chien est l'obéissance.
Ne perdez jamais de vue que c'est vous qui commandez à la maison et non votre chien.
Le chiot, lorsqu'il est encore chez l'éleveur, ne connaît qu'une seule autorité, celle de sa mère. Une fois sevré et séparé de celle-ci, il aura tendance (surtout si c'est un mâle) à vouloir jouer au dur et à vouloir commander. C'est donc à vous, dès son arrivée, à lui apprendre les règles de base de l'obéissance et définir ce qui est autorisé et interdit.

Ne perdez jamais de vue que c'est vous qui commandez et non votre chien.
(© Gauzargues/Cogis)

Le Dandie sait donner de la voix. (© Hermeline/Cogis)

© Hermeline/Cogis

L'ABOIEMENT

Le Dandie-Dinmont Terrier, sans être un chien très aboyeur, sait, du fait de sa spécificité de terrier, donner de la voix. Il va donc falloir canaliser son « signal sonore » pour qu'il ne l'utilise qu'à bon escient. L'aboiement doit être réservé à la chasse ou à la garde.

MANGER À HEURES RÉGULIÈRES

Le Dandie-Dinmont Terrier n'est pas un chien glouton. C'est à vous de lui apprendre qu'il doit manger ce que vous lui donnez quand vous le décidez.
Mais pour l'aider, vous devez le nourrir à heures régulières et lui interdire de faire lui-même « son marché ».
Vous devez lui apprendre à reconnaître les aliments et surtout à n'accepter ceux-ci que lorsqu'ils sont donnés par le maître ou la maîtresse. Cela pourra lui sauver la vie si des gens malveillants essaient de l'empoisonner lorsqu'il est seul dans le jardin et qu'il garde la maison.

L'alimentation

Nourrir son Dandie-Dinmont Terrier

Comme pour les humains, si vous voulez que votre chien soit en bonne santé, donnez-lui à manger équilibré. Il n'est pas si loin le temps où le chien devait se contenter des restes ou de pain trempé dans de l'eau. Heureusement, cette pratique tend à disparaître.

Il ne faut pas faire de mimétisme, le chien ne se nourrit pas comme son maître même si la publicité essaie de nous le faire croire. Il mâche très peu les aliments et sa déglutition est très rapide. Ses aliments, surtout s'ils sont solides, vont rester très longtemps dans l'estomac (3 à 12 heures), ce qui explique que le chien pourra absorber des repas très copieux, à intervalles importants.

Le fait qu'il soit, à l'origine, un carnivore pourrait nous faire penser qu'il consomme uniquement de la viande. C'est faux, le contact prolongé avec l'homme l'a amené à consommer aussi bien des laitages que des fruits ou autres céréales. De plus, le chien a perdu, au cours de sa domestication, ses habitudes de prédateur lui permettant de ne consommer que de petits morceaux de viande. Observez un chien sauvage, type Dingo ou autre chien de prairie, en train de dépecer une charogne, il dépouille le cadavre en fines lamelles alors que le chien domestique « gloutonnera » la

Le chien a besoin d'une alimentation équilibrée à teneur nutritive élevée. (© Hermeline/Cogis)

viande à s'en rendre malade (retournement d'estomac). Seules certaines races du Grand Nord ou des chiens élevés en meute ont gardé cette manière de s'alimenter par fines lamelles. C'est pour cela que si l'on nourrit le chien de façon traditionnelle il est recommandé de ne pas lui mettre dans son écuelle des morceaux trop gros.
En fait le chien a besoin d'une alimentation équilibrée à teneur nutritive élevée. Mais cette teneur nutritive variera avec l'âge du chien, la période de sa vie (période de reproduction ou de lactation) ou tout simplement du climat (diminuer la ration en cas de forte chaleur). Le chien devra absorber un mélange lui apportant chaque jour des protéines, des hydrates de carbone, des graisses, des vitamines et des sels minéraux.
Il existe deux types d'alimentation : l'alimentation traditionnelle et l'alimentation industrielle.
« Le Français aime tellement manger qu'il essaie de faire passer sur son chien ses désirs. » Ce pourrait être une réflexion

Il existe deux types d'alimentation : celle traditionnelle et celle industrielle. (© Français/Cogis)

d'un responsable marketing d'alimentation préparée pour animaux. En effet, si les aliments préparés représentent 80 % de l'alimentation animale aux États-Unis, ils ont bien du mal à dépasser 50 % en France surtout dans l'alimentation canine.

L'alimentation traditionnelle

Si, comme moi, vous êtes un adepte de l'alimentation traditionnelle, mais j'en suis revenu, sachez que vous n'avez pas choisi la solution de facilité. En effet, outre le travail supplémentaire que cela entraîne chez vous, vous aurez par ailleurs à surveiller de très près la qualité et la quantité d'aliments offerts. Trois éléments de base à mélanger : viande ou poisson (sans arêtes bien sûr), riz ou flocons de céréales et légumes (haricots verts, carottes, céleris, poireaux). Ces trois éléments devant être à part égale.
Pour un Dandie-Dinmont adulte (14 mois), il faut compter, par jour, 10 g par kilo de poids vif de viande, autant de légumes et autant de riz. Cette pâtée pourra être prise en une ou en deux fois suivant l'appétit de votre compagnon. Cela dit, comme pour les humains, la pâtée répartie en deux fois sera plus bénéfique à la santé de votre chien. Il est indispensable également pour son équilibre de respecter les horaires (si vous oubliez, lui n'oubliera pas !).
Outre ces aliments de base, sont également autorisés en quantité raisonnable les fromages cuits (gruyère), les yaourts, le jaune d'œuf cru, les fruits. Comme friandise, on admettra les petits biscuits salés et les gros os de bœuf ou de veau. En revanche sont rigoureusement interdits le pain, les gâteaux, le sucre, les pommes de terre, les abats, la charcuterie (la viande de porc en général), la viande de mouton, les petits os (lapin, poulet, mouton, porc). Faites très attention avec les os. Cela pourrait entraîner, chez le Dandie-Dinmont, des dermatoses. Concernant la viande, elle sera fraîche (sinon la faire cuire) et de bœuf (viande à pot-au-feu) ou de poulet ou de dinde (désossée et cuite). Concernant le poisson, le thon au naturel en boîte fera l'affaire et est très pratique, par exemple, pour les déplacements. Rappelez-vous que si vous voulez que votre Dandie-Dinmont mange de tout, habituez-le très jeune sinon il se montrera très méfiant.

L'alimentation industrielle

Il existe dans le commerce une gamme complète d'aliments préparés qu'il faut apprendre à connaître afin de bien les utiliser. L'étiquetage légal de ces produits est très précis et il donne toutes les informations indispensables à un bon achat : date de fabrication, poids net, catégorie du produit, composition de l'aliment, liste des additifs utilisés.

Il existe deux catégories de produits : les aliments complets qui suffisent à l'alimentation du chien sans qu'il soit nécessaire d'ajouter d'autres aliments et les aliments complémentaires qui peuvent permettre de suppléer quelques carences et qui ne doivent être utilisés que dans des cas très précis (pour des chiens de chasse lors de la saison ou pour les chiens de traîneaux lors de courses).

Présentation

Les aliments préparés se présentent sous la forme humide, semi-humide ou sèche.

Les aliments humides composés de 70 à 80 % d'humidité sont conditionnés en boîte métallique. Complets ou complémentaires, ils associent des viandes à des céréales et des légumes et parfois à des compléments minéraux vitaminés. La durée de conservation de ces aliments est de 3 à 4 ans (voir au dos de la boîte) mais après ouverture, cette durée tombe à 24 heures et en milieu réfrigéré.

Les aliments semi-humides composés de 20 à 30 % d'humidité sont conditionnés en sachet individuel ou en emballage carton. Ils apportent autant d'éléments nutritifs que les produits humides, mais leur préparation entraîne de servir ce type d'aliments accompagnés d'un bol d'eau fraîche.

La durée de conservation, dans un endroit sec et dans l'emballage d'origine, est d'environ un an. Une fois ouverte, la boîte doit être conservée au réfrigérateur.

Les aliments secs composés de 14 % de taux d'humidité ont l'avantage d'être présentés en grands conditionnements de plusieurs kilos. Ils sont faciles d'emploi et économiques. Ce sont, en fait, des aliments déshydratés qui se présentent soit sous forme de croquettes que l'on servira avec un bol d'eau fraîche, soit sous forme de soupe à réhydrater avec de l'eau fraîche ou du bouillon. La durée de conservation de ces aliments est importante du fait du faible taux d'humidité.

UNE ALIMENTATION ÉQUILIBRÉE

Quelle que soit la forme d'alimentation que vous choisissiez il faut être sévère quant à la

Concernant l'alimentation, il faut être sévère quant à la quantité et aux horaires. (© Français/Cogis)

quantité et aux horaires. La quantité parce que le Dandie-Dinmont Terrier doit consommer sa ration chaque jour, ni plus ni moins. Il faut être rigoureux dans les horaires car c'est le seul moyen de vraiment surveiller les quantités. Si parfois il semble laisser un peu de nourriture et qu'il vaque ensuite à ses occupations, enlevez-lui sa gamelle. C'est qu'il aura suffisamment mangé. Surtout ne lui laissez pas une gamelle pleine toute la journée, c'est un chien, il doit manger en deux ou trois fois dans la journée et non pas comme les chats qui mangent un petit peu de temps en temps, cela déréglerait son système digestif et pourrait entraîner des dérangements dans le bon fonctionnement de son organisme.

S'il a tendance à être chapardeur, c'est essentiellement par gourmandise. De ce fait essayez de ne pas le nourrir entre les repas (gare aux gâteaux secs lors

SURCHARGE PONDÉRALE : ATTENTION DANGER

Saviez-vous qu'en France 4 % des chiens peuvent-être considérés comme obèses ? Pire que cela, 30 % des chiots souffrent déjà d'obésité à cause d'une nourriture trop énergétique consommée au cours de la croissance. Ce n'est pas moi qui donne ces chiffres, mais un récent sondage de la Sofrès, donc cela doit être vrai.
J'en entends déjà qui disent : « Oui, mais nous, nos chiens ne sont pas trop gros ! » Erreur, l'embonpoint a aussi frappé les chiens, et ça, ce n'est pas la Sofrès, mais moi qui l'ai observé.
Les chiens actuels sont comme leurs maîtres, ils mangent trop, et à n'importe quel moment.
Pour éviter les séquelles dues à la surcharge pondérale (arthrose, diabète, troubles respiratoires, etc.), pas d'aliments en libre-service, deux repas par jour avec suppression de la gamelle au bout d'une demi-heure, et surtout pas de gâteries entre les repas. Vous verrez, votre chien vous remerciera.

OSEZ LES LÉGUMES !

L'alimentation industrielle a atteint une telle qualité actuellement qu'il peut paraître osé de conseiller autre chose. Pourtant, quelquefois, vous pouvez être en rupture de stock de croquettes, à moins que votre chien ne semble se lasser de son aliment habituel. C'est l'occasion de le mettre quelques jours au régime « légumes verts ». Cela ne peut être que bénéfique pour sa ligne, et pour son transit intestinal.

Comme on le sait les légumes verts sont riches en vitamine C. On cuira donc à l'eau salade verte, haricots verts, céleri en branches, poireaux ou carottes. Ensuite on hachera menu le tout pour faciliter l'ingestion.
Le problème du goût chez le chien reste un grand mystère, pourtant l'appétence, c'est-à-dire l'attrait de la nourriture, n'est pas un mythe. Aussi on pourra éventuellement ajouter un peu de jus de viande pour rendre les légumes plus attrayants.

Des antioxydants contre le cancer

Que ce soit pour les humains comme pour les animaux de compagnie, on sait très bien que la destruction de l'ADN est facteur de cancer. Or la destruction de l'ADN peut être ralentie par la prise dans l'alimentation d'antioxydants. Ces antioxydants, s'ils deviennent de plus en plus obligatoires chez l'homme, sont indispensables chez le chien du fait d'une espérance de vie beaucoup plus courte.
Jusqu'à maintenant, on ne trouvait pas d'antioxydants dans la nourriture industrielle pour chiens. Il semble qu'un groupe britannique soit prêt à mettre sur le marché de nouvelles croquettes contenant un cocktail d'antioxydants. Ces croquettes devraient être présentes sur le marché prochainement.
Mais au fait, ces antioxydants, où les trouve-t-on ? Dans l'ensemble des fruits, mais particulièrement dans les mûres, le raisin, les fraises, les myrtilles. La Fontaine était d'ailleurs un précurseur quand il a écrit « Le renard et les raisins ».

COMBIEN DE REPAS PAR JOUR ?

Pour avoir un chien en bonne santé, il faut essayer de le nourrir tous les jours à la même heure. Plus le chien va vieillir, plus le nombre de repas dans la journée va décroître. C'est ainsi qu'un chiot doit manger sa ration journalière en quatre repas, le jeune chien (entre 3 et 6 mois) en trois repas, et l'adulte en deux, voire en un seul repas pour certains vieux chiens.
En aucun cas, il n'est question de nourrir son chien en libre-service à la manière des chats.
Le chat, contrairement au chien, ingurgite peu de nourriture, mais souvent. À l'inverse, le chien aura besoin d'une grosse ration chaque fois pour se sentir calé. Certains spécialistes prétendent que le chien est capable de gérer sa ration. Par expérience, on peut assurer qu'il s'agit d'une erreur, seul le maître est capable d'éviter à son chien de grossir.

Un chiot de Dandie-Dinmont Terrier. (© Lanceau/Cogis)

Lorsque l'on acquiert un chiot, il est en principe sevré. (© Labat/Cogis)

de l'apéritif), cela évitera de développer son côté « mendiant » éventuel.
Lorsque les Dandie-Dinmonts seront devenus adultes, les propriétaires auront tout intérêt à adopter la nourriture industrielle (sèche, semi-humide ou humide) compte tenu de la quantité de nourriture nécessaire à la bonne santé de leur animal.
La récente crise de la « vache folle » a incité certains fabricants malins à promouvoir des aliments industriels à base de poisson. Soyez plus malin qu'eux, tout d'abord en découvrant que l'apport en poisson est très minime, ensuite en vous disant qu'aucun cas de vache folle n'a été jusqu'à présent transmis à un chien.

L'alimentation du chiot

Lorsque vous allez acquérir votre chiot, il sera en principe sevré depuis plusieurs jours. Si vous allez le chercher chez l'éleveur juste à la limite du sevrage, demandez à celui-ci de commencer à l'habituer à sa future alimentation de jeune chien.
En effet, un sevrage brutal risque de perturber le transit intestinal (comme chez les bébés d'ailleurs) et d'entraîner une chute de poils quelquefois impressionnante. Pendant la période de croissance (jusqu'à 14 mois) il ne faudra pas « restreindre » la nourriture à votre jeune ami. Jusqu'à 5 mois, 90 g de nourriture par jour et par kilo de poids vif divisés en trois (viande, riz, légumes verts) et pris en trois repas. De 5 à 14 mois, même quantité de nourriture mais répartie en deux repas. À partir du 14e mois, diminuez les quantités pour tomber à 30 g de nourriture par kilo de poids vif par jour (répartis en trois) et pris en une ou deux fois (deux fois est la solution la plus équilibrée pour votre chien).

L'alimentation du chien âgé

Les animaux âgés n'ont pas les mêmes besoins que ceux en pleine croissance. Comme pour l'homme, leur vie prend un rythme différent, plus modéré, moins fou. Garder une bonne santé et des « occupations » à leur mesure est cependant nécessaire. L'alimentation, l'exercice et l'hygiène doivent s'adapter au cycle de vie du Dandie-Dinmont. Les besoins alimentaires du chien âgé sont diminués par rapport à ceux de l'adulte. Un régime adapté peut être conseillé par votre vétérinaire. On sait que le chien raffole des friandises. Il est cependant préférable de lui offrir celles qui sont spé-

**TABLEAU DE CORRESPONDANCE
ÂGE HUMAIN/ÂGE CANIN
POUR LE DANDIE-DINMONT**

Âge du chien	*Équivalence humaine*
6 mois	15 ans
12 mois	20 ans
18 mois	24 ans
2 ans	28 ans
3 ans	32 ans
4 ans	36 ans
5 ans	40 ans
6 ans	44 ans
7 ans	48 ans
8 ans	52 ans
9 ans	56 ans
10 ans	60 ans
11 ans	64 ans
12 ans	68 ans
13 ans	72 ans
14 ans	76 ans
15 ans	80 ans
16 ans	84 ans
17 ans	88 ans
18 ans	90 ans
19 ans	94 ans
20 ans	100 ans

cialement élaborées pour lui, plutôt que nos gâteaux et sucreries, trop nuisibles à la santé.
Les nourritures sèches et légèrement abrasives entretiennent le bon état des dents. Si le chien a du mal à croquer, les nourritures humides proposent de multiples variétés tout en apportant vitamines et sels minéraux.

L'entretien et le toilettage

Le Dandie-Dinmont est un chien qui se toilette. Cela dit, il ne suffit pas de toiletter votre chien pour qu'il soit propre, il faut également surveiller les différentes parties de son corps.

L'hygiène au quotidien

Le brossage

C'est un travail quotidien. Votre chien a besoin d'être brossé et peigné tous les jours. Pour son bien-être, l'idéal est de le faire le matin pour commencer la journée et le soir au coucher.
La robe du Dandie doit être brossée avec une brosse dure qui donne de bons résultats et enlève tous les poils morts. Le mieux est de commencer à brosser le chien quand il n'est encore qu'un chiot. Ainsi, il prendra plaisir à son brossage quotidien. Commencer avec un gros peigne pour les oreilles, ensuite peigner tout le corps, et des pattes aux pieds, en faisant attention de ne pas oublier les poils de l'intérieur du corps. Peigner la queue et vérifier que les poils de dessous sont bien propres. En même temps, retirer les excréments secs qui pourraient s'y trouver, en coupant les poils avec des ciseaux. Limer ou couper les ongles si nécessaire. Si votre chien est très actif, il est probable que ses ongles auront une bonne longueur. Inspecter l'intérieur des oreilles afin de s'assurer qu'elles sont propres et ne présentent pas d'inflammation.
Nettoyer le nez et les yeux des écoulements qui auraient pu se produire.

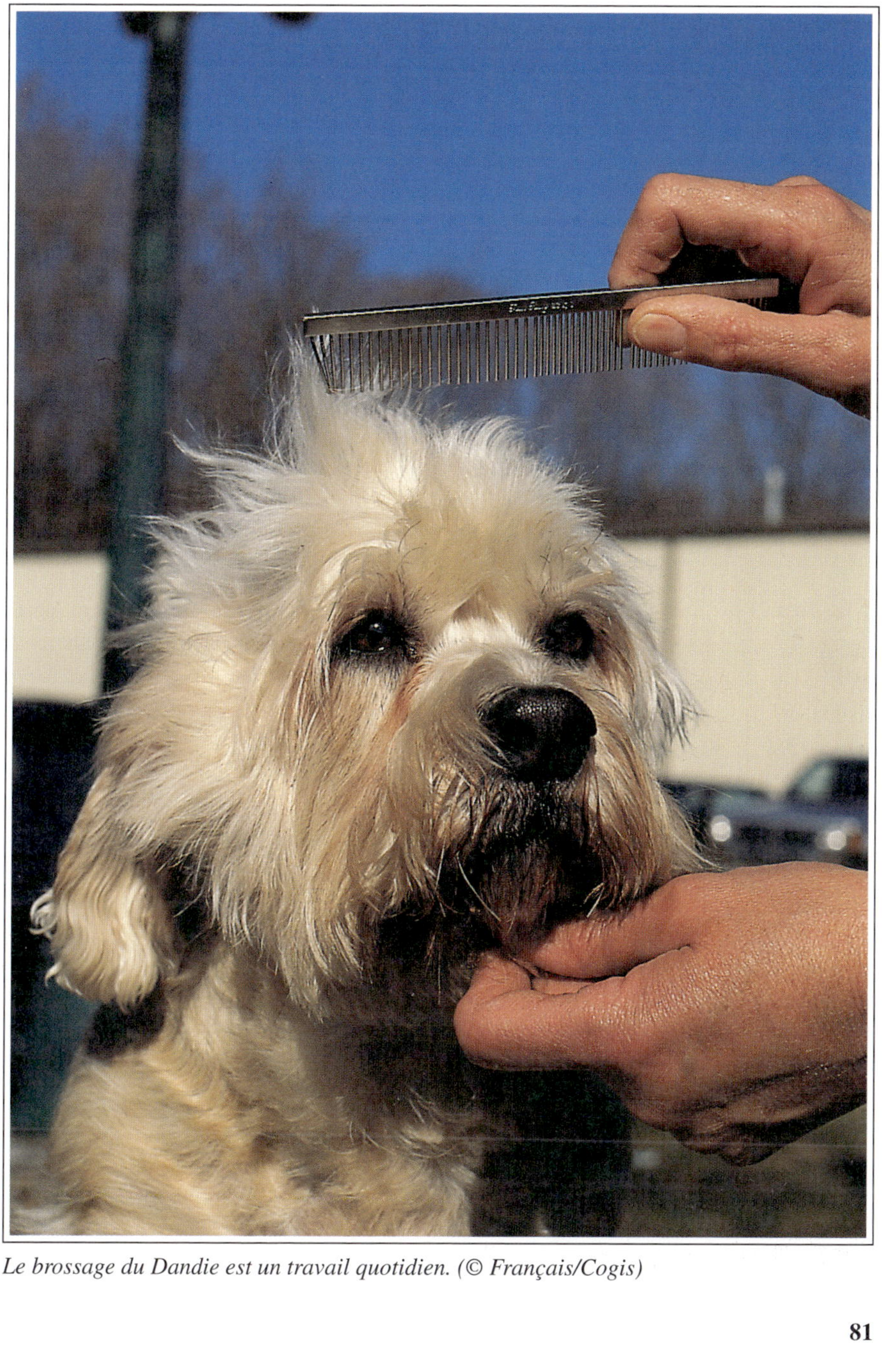

Le brossage du Dandie est un travail quotidien. (© Français/Cogis)

Des soins réguliers

Les oreilles

Comme tous les chiens à « oreilles tombantes » en opposition avec les chiens à oreilles ouvertes, le Dandie-Dinmont risque moins d'avoir les oreilles sales sauf lorsqu'il s'essayera au déterrage. Dans ce dernier cas, la poussière et le cérumen risquent de démanger l'animal et de l'entraîner à se gratter.
Il convient donc de nettoyer les oreilles de l'animal au moyen d'une gaze sèche ou trempée dans l'eau distillée ou imbibée d'un produit céruménolytique. Si elles sont très sales, on peut utiliser un peu de Mercryl dilué. Nettoyez bien le conduit auditif avec la gaze qui entourera le doigt. N'utilisez jamais de Coton-Tige. Si la gaze a été imbibée, finissez le nettoyage avec une gaze sèche.

Les yeux

Le Dandie-Dinmont n'est pas un chien qui « pleure » énormément. Cependant des sécrétions s'accu-

Si les oreilles sont très sales, on peut utiliser un peu de Mercryl dilué. (© Hermeline/Cogis)

Il faut retirer les sécrétions qui s'accumulent au coin des yeux. (© Hermeline/Cogis)

mulent journellement au coin des yeux. Il faut donc les lui retirer à l'aide d'une petite gaze sèche ou imbibée d'eau distillée ou de sérum physiologique. Essuyez bien pour terminer.

Les dents

Le tartre peut apparaître sur les dents de votre animal. Ne le laissez pas se développer car il risquerait d'entraîner le déchaussement des dents. S'il est trop important, consultez votre vétérinaire. Pour éviter le dépôt de tartre, vous pouvez passer un dentifrice spécial au moyen d'un doigtier en caoutchouc, puis rincer abondamment. En principe, nos amis Dandie-Dinmonts n'aiment pas vraiment. Là aussi vous pouvez l'habituer très jeune à lui faire cette petite séance, ce qui lui paraîtra normal plus tard. De temps en temps, un gros os de crosse de veau cuit pourra également aider à lutter contre le tartre.

Ne laissez pas se développer le tartre. (© Français/Cogis)

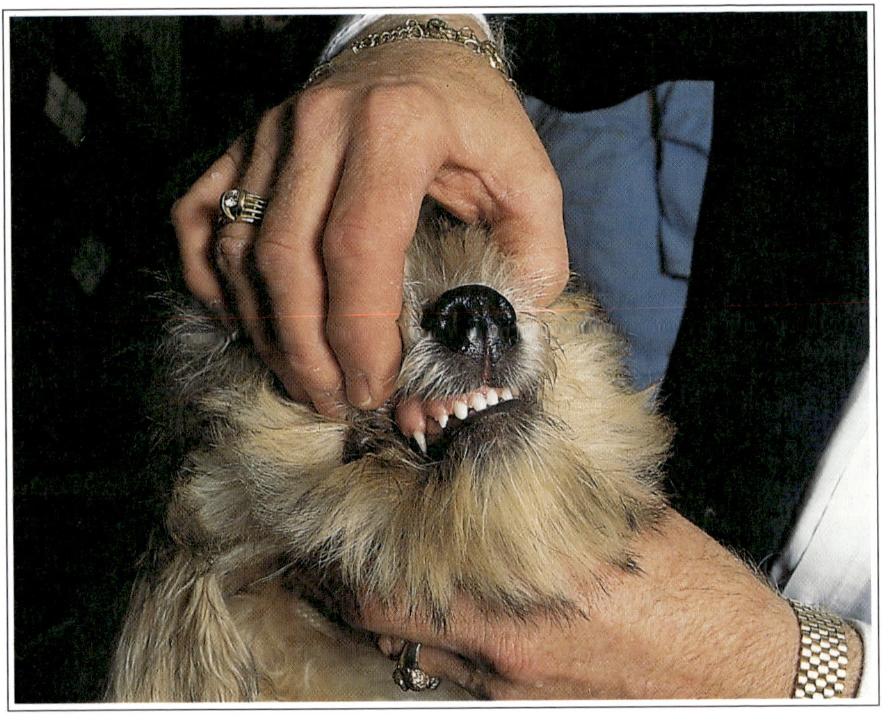

Les ongles

Le monde moderne favorise les ongles longs chez les chiens qui vivent beaucoup en appartement. En effet, dehors, les chiens ont tendance à user naturellement leurs ongles.
Des ongles trop longs peuvent inciter votre chien à marcher sur les talons, ce qui risque d'entraîner des tendinites. Il faut donc diminuer régulièrement les ongles en les coupant avec des ciseaux à bouts ronds ou une pince spéciale s'il a été habitué tout petit.
Sinon vous lui userez les ongles régulièrement au moyen d'une râpe à ongles utilisée par les êtres humains.
Évitez cependant de couper les ongles trop court, vous risqueriez de faire saigner votre animal. C'est très impressionnant car le sang du chien est beaucoup plus liquide que celui de l'humain, mais c'est sans danger.

L'anus

Vérifiez, après chaque selle, que votre animal soit toujours propre.
N'hésitez pas, s'il le faut, à le laver s'il reste quelques matières dans les poils, cela évitera les démangeaisons.

LE BAIN

De retour de la promenade en forêt, votre chien peut être bien « crotté ».
La tentation serait bien sûr de le baigner à chaque retour. Même si les shampooings ont fait de grands progrès, il nous paraît hasardeux de baigner son chien plus d'une fois par mois.
Dans ce cas, vous utiliserez un shampooing spécial canin que vous aurez acheté chez le vétérinaire.
L'opération du bain se fera dans la baignoire dont vous aurez garni le fond d'un tapis antidérapant. Vous protégerez éventuellement l'intérieur des oreilles du chien avec de petites boules de coton.
Vous doucherez le chien à l'eau tiède, en commençant par la tête, puis vous enduirez le corps de shampooing, toujours en commençant par la tête, en préservant bien les yeux.
Une fois que le shampooing a bien moussé, vous rincerez l'animal en préservant les yeux avec une main.
Une fois rincé, le chien va s'ébrouer, pensez alors à fermer le rideau de douche !
Le séchage s'effectuera soit au moyen du sèche-cheveux pour les petites races, soit en le laissant sécher seul sur une serviette bien épaisse dans la salle de bains ou dans une autre pièce chauffée aux alentours de 25 °C.

Toiletter son Dandie-Dinmont

Philosophie du toilettage

Autrefois, le toilettage du Dandie était encore plus sophistiqué, c'est tout dire. Une belle tête très bien toilettée était sûre d'être primée alors que c'était le « coiffeur » qui aurait dû être récompensé.
Avec l'arrivée d'autres terriers d'Écosse chez qui le toilettage est également très important, on peut dire que celui du Dandie est maintenant plus « soft », même si le « top-knot » reste très important en exposition.
Le Dandie demande à être « trimmé », c'est-à-dire épilé, et jamais tondu. Cela plusieurs fois dans l'année pour lui conserver son allure de Dandie, sinon il devient vite une « broussaille ».
NB : il est indispensable de trimmer votre Dandie si vous l'exposez.
En revanche, il serait intéressant de se pencher sur un toilettage plus simple pour les Dandies qui vivent uniquement à la maison, et pour ceux, nous les espérons nombreux, qui vont ou qui iront à la chasse.

Le toilettage ou trimming

Le toilettage du Dandie-Dinmont étant essentiellement basé sur l'épilation, il porte également le nom de « trimming ».
Le Dandie a un mélange de poils durs sur le dos, la nuque et la queue, et soyeux sur les flancs (franges), les pattes, le torse, la moustache et le top-knot.
Tout d'abord, brosser le corps entier pour démêler puis peigner surtout tous les poils soyeux en étirant bien pour allonger au maximum ce poil.
Pour un chien qui ne va pas en exposition, on peut imaginer trois à quatre trimmings dans l'année, plus pour des chiens d'exposition.
Arracher les poils, de préférence avec le pouce et l'index ou à défaut avec un couteau à bords crantés très fins.

La nuque

Depuis la base des oreilles jusqu'au début des épaules, bien dégager ainsi que les côtés et le cou, en laissant un poil ras. Laisser le poil soyeux de la collerette sur le torse. Celle-ci doit être en forme de bavoir et descendre sur les pattes avant.

Le dos

Enlever les poils morts sur toute la longueur et la largeur du dos depuis les épaules jusqu'à la queue de façon à conserver un poil dur (poil de sanglier). Ne pas toucher au sous-poil.

Pour les flancs, épiler jusqu'aux trois quarts des pattes avant et arrière en dégageant, à l'arrière, l'intérieur du corps pour affiner la taille mais en laissant, à l'avant, sous le ventre, les poils soyeux le plus longs possible de manière à donner à la silhouette un effet de corps plongeant à l'avant, renforcé par les pattes avant courtes.

La queue

Elle doit être épaisse à la base et aller en s'amincissant. Il faut peu y toucher.
On enlèvera seulement quelques poils superflus.

Les pattes

Elles doivent conserver leurs poils soyeux.

Les moustaches

Le poil soyeux y est abondant. Il faut conserver tout le volume. Les moustaches et le top-knot sont d'ailleurs deux des grands atouts du Dandie.

Le museau

Enlever les grands poils de la truffe au stop, et laisser une base le plus ras possible.

© *Hermeline/Cogis*

Autour des yeux

Épiler les paupières inférieures sur toute leur longueur pour augmenter la grandeur et la beauté des yeux et enlever les premiers poils un peu longs des bords internes des paupières supérieures.

Sur les oreilles

L'extérieur de l'oreille doit être ras.
Laisser les poils soyeux du sommet qui seront peignés avec le top-knot, et laisser aussi une pointe de poils soyeux au bout de chaque oreille.

Sur le crâne

Laisser tout le poil soyeux, peigner et crêper pour obtenir un top-knot de forme haute, arrondie et mousseuse.

Note

Il s'agit ici du toilettage destiné aux chiens de concours, entre autres concernant le top-knot. Ce toilettage peut paraître un peu trop apprêté pour certains propriétaires. Nous pensons que le renouveau de la race passera obligatoirement par un toilettage plus simple de tous les jours. C'est un appel pressant de notre part qui risque éventuellement de ne pas plaire à tout le monde !

TOILETTAGE DES OREILLES

1

2

1. La partie sombre représente le morceau de l'oreille à épiler. Laisser 3 à 4 cm de balayette (partie blanche).

2. Tondre les poils de l'oreille interne. La partie hachurée doit être amincie pour permettre à l'oreille de se poser bien à plat, une fois rabattue.

TOILETTAGE « TOP-KNOT »

1

2

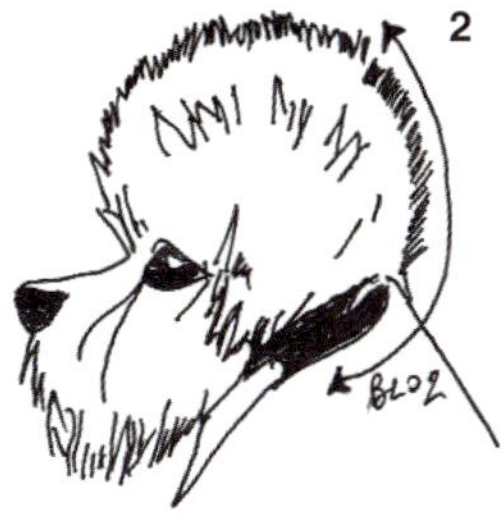

3

1. Rabattre tout le top-knot en avant et couper pour égaliser.

2. Couper en arrondi l'arrière de la tête à l'aide de ciseaux crantés.

3. Les lignes extérieures doivent être coupées en arrondi.

TOILETTAGE DE LA SILHOUETTE

1

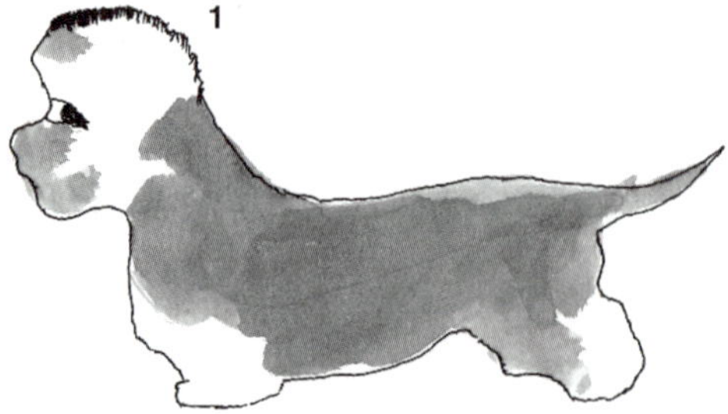

1. Profil idéal à obtenir après avoir épilé le Dandie. Ce chien a un mélange de poils durs sur la partie foncée et soyeux sur les parties claires.

2

3

2-3. Arrière (2) et avant (3) du Dandie. Les parties à gauche ne sont pas épilées. Les pieds sont terminés aux ciseaux pour obtenir l'effet « arrondi » du pied de chat.

4

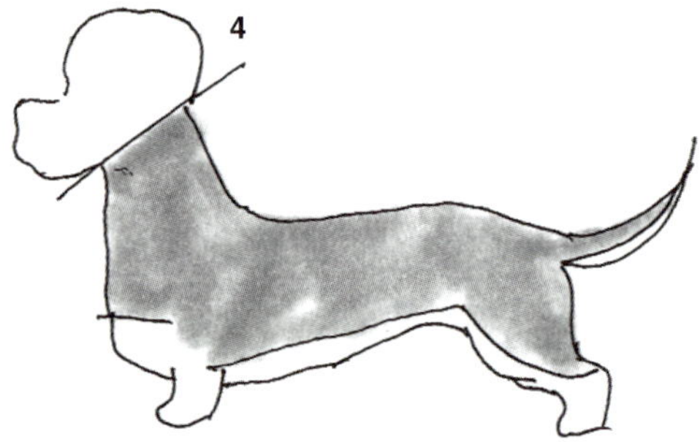

4. La partie foncée représente le poil soyeux qui lui se peigne et s'égalise aux ciseaux pour accentuer le caractère spécifique du Dandie.

5

6

5-6. Avant-main (5) et arrière-main (6). La ligne pointillée montre le profil maximum de l'épilation. Le passage entre le poil dur et le poil soyeux doit se faire naturellement en dégradé.

Les soins et maladies, premiers secours

Les premiers soins

En tant que propriétaire de chien, vous n'êtes pas un vétérinaire, mais comme pour les gens qui vous entourent, vous pouvez être amené à prodiguer les premiers soins pour des blessures bénignes.
Le côté fonceur du Dandie-Dinmont Terrier l'entraîne à ne pas être toujours très prudent. Ce qui veut dire qu'il n'est pas à l'abri de tel ou tel incident : égratignures, échardes, griffures, éventuellement, qu'il faudra savoir soigner.
Parmi les bobos possibles, nous citerons les écorchures aux coussinets (sous les pattes) qui peuvent être provoquées par des cailloux pointus en montagne ou par des chaumes de blé lors de balades en fin d'été ou encore par de la glace par temps très froid. En principe la blessure est bénigne et se soigne très bien.
D'autres risques peuvent mettre à l'épreuve vos talents d'infirmier canin.

Les accidents les plus fréquents

Les piqûres

Les piqûres de guêpe tout d'abord. Comme nous l'avons dit précédemment, le Dandie-Dinmont Terrier adulte n'est pas toujours très prudent, même s'il fait bien la différence entre une mouche et une guêpe. Il n'aura de cesse de cro-

© *Gauzargues/Cogis*

quer la première, quant à la seconde, il préviendra (en principe) de sa présence. Le venin de la guêpe est généralement inoffensif pour le chien sauf si celui ci se fait piquer dans la gorge ou sur la lèvre et surtout s'il a tendance à être allergique auxdites piqûres. Comme pour les humains (mais avec des réactions plus spectaculaires) la piqûre de guêpe peut être mortelle chez les chiens ; il faudra donc, très jeune, lui apprendre à fuir les guêpes et surtout le conduire très vite chez le vétérinaire en cas de piqûre.

La morsure de serpent (vipère)

Elle est encore plus spectaculaire et plus dangereuse. Dans ce cas, ne pas inciser ni désinfecter à l'alcool qui n'a aucun effet sur le venin. En revanche, vous désinfecterez à la liqueur de Dakin ou à l'eau oxygénée qui dénaturent une partie du venin. Puis vous refroidirez la zone mordue avec de la glace, enfin vous poserez un bandage compressif sur la plaie et emmènerez votre animal chez le vétérinaire le plus proche. Les petits dispositifs d'aspiration employés pour l'homme sont difficilement utilisables pour le chien.

Le coup de chaleur

Autant le Dandie-Dinmont Terrier supporte le froid même extrême, du moins dans son jeune âge, autant il craint la chaleur. Le risque est donc le fameux coup de chaleur qui peut être fatal.
Nous ne nous attarderons pas sur les coups de chaleur occasionnés sur des chiens enfermés de longues heures dans une voiture en stationnement. Les maîtres coupables de tels actes ne méritent pas d'avoir un chien. En revanche, il est vrai qu'en cas de canicule, le Dandie-Dinmont Terrier peut en être la victime plus vite qu'on ne croit, soit parce qu'il se sera endormi et que le soleil aura rattrapé l'ombre, soit parce qu'un long chemin en voiture l'aura épuisé. Dans ce cas, il faut forcer le chien à se mouiller, quitte à l'envelopper dans un linge humide mais il faut le faire progressivement.

Le Dandie craint la chaleur. (© Hermeline/Cogis)

© Gauzargues/Cogis

Même si le chien n'a pas de coup de chaleur il est recommandé en période de canicule de le rafraîchir régulièrement même contre son gré.
Enfin, concernant les longs voyages en voiture, il est recommandé pour les chiens, comme pour les humains d'ailleurs, de s'arrêter toutes les heures et demie ou deux heures au maximum afin de le réhydrater. On aura prévu à cet effet une bouteille d'eau légèrement rafraîchie et la gamelle du chien prêtes à tout moment.

Les maladies

MALADIES NON HÉRÉDITAIRES

La prophylaxie des maladies virales

En plus des maladies bénignes ou similaires à celles de l'homme, le chien peut souffrir de maladies qui lui sont propres. Ces maladies ne se soignent pas ou très mal.
Ce sont des maladies très contagieuses, dues en général à des virus.
L'utilité de la vaccination n'est plus à démontrer aujourd'hui

TABLEAU DES VACCINATIONS

Maladies	*Primo-vaccination/ Observations*	*2e injection*	*1er rappel*	*Rappels suivants*
Maladie de Carré	8 semaines	12 semaines	1 an	tous les 2 ans, à effectuer durant toute la vie de l'animal
Hépatite contagieuse ou maladie de Rubarth	8 semaines	12 semaines	1 an	tous les 3/5 ans, en général associé au vaccin de la maladie de Carré
Parvovirose (gastro-entérite hémorragique)	8 semaines	12 semaines	1 an	tous les 2 ans ; possible dans certains cas de vacciner à partir de 6 semaines
Leptospirose	12 semaines	14-16 semaines	1 an	tous les ans ; si le chien risque d'être très exposé, rappels tous les 6 mois
Rage	3 mois	1 an		tous les ans. Obligation légale : impossible d'exposer un chien en France ou à l'étranger s'il n'est pas vacciné contre la rage

car elle a mis fin à de graves épizooties. C'est pourquoi, dans ce cas, seul le vaccin permet de protéger l'animal en lui permettant de fabriquer des anticorps avant l'arrivée éventuelle du virus.
Il possédera ainsi, dans son organisme, un système de défense immunitaire ou « immunité spécifique anti-infectieuse ».
Les vaccins utilisés chez l'animal en général, et chez le chien en particulier, sont dits « inactivés », c'est-à-dire qu'ils sont constitués d'un extrait microbien plus ou moins purifié.
Étant d'une grande sécurité, ces vaccins doivent être, au contraire des vaccins chez l'humain, renouvelés plus souvent, ce qui explique les rappels fréquents et répétés.
Cela dit, le jeune chien n'est pas capable de pérenniser les bienfaits d'un vaccin par manque de fabrication d'anticorps protecteurs.
De plus, tant qu'il n'est pas sevré, le jeune animal bénéficie des anticorps « colostraux » transmis par la mère au travers du lait (2 mois), ce qui veut dire que pratiquement aucun vaccin ne sera réalisé sur un chiot de moins de 8 semaines. Comme pour les humains, on fera une primo-vaccination (en principe en deux fois) qui constituera un « stock de base » d'anticorps qui sera entretenu par des rappels réguliers.

Les parasites

Les parasites internes infestent le tube digestif du chien. Ils peuvent être classés en deux types : les **vers plats** (le plus connu est le ténia), les **vers ronds** que l'on appelle également nématodes.
Parmi les **vers plats**, le plus courant chez le chien est le *Dypilidium caninum* dont les larves sont transportées par les puces. Le chien s'infecte alors en mangeant ses propres puces. Un chien infecté par le *Dypilidium* subira des démangeaisons anales caractéristiques. De plus, on trouvera des segments de vers dans les selles (comme le ver solitaire chez l'homme). Dans ce cas, il faudra traiter l'animal avec un vermifuge actif mais également éliminer la cause, c'est-à-dire les puces. L'apparition des colliers insecticides et surtout un bon entretien de votre animal devraient éviter ce type de vers.
Les **vers ronds**, quant à eux, sont représentés par les ascaris qui infestent une grande majorité des chiots d'élevage.
L'infestation se fait généralement par ingestion d'œufs ou de larves qui se trouvent dans les excréments collés aux poils du chien (les mères allaitantes, par exemple) ou dans les niches.
Il est donc important de respecter une bonne hygiène dans le milieu de vie du chien mais sur-

LA VERMIFUGATION

Les chiots dès leur plus jeune âge sont susceptibles d'être contaminés par des vers intestinaux. Ces vers sont le plus souvent des vers ronds du type « ascaris » ou plus grave du type « trichocéphale ». Mais ils peuvent être également atteints par des vers plats du type « ténia » présent bien souvent dans les excréments des chevreuils, par exemple. Il est donc indispensable de vermifuger régulièrement son chien de chasse. Tout d'abord pour son confort, mais ensuite pour sa santé. N'oublions pas que 20 % des paralysies canines sont dues aux trichocéphales ou aux ankylostomes.
Jusqu'à 8 mois, on vermifugera le chien une fois par mois, ensuite on passera à deux fois par an, sauf si entre-temps on repère des vers dans ses selles.
Pour l'ingestion de la vermifugation sous forme de poudre ou de pilule, utilisez des subterfuges comme glisser la pilule dans une boulette de viande. Maintenant il existe un système plus simple, l'ingestion du médicament au moyen d'une seringue buccale que l'on glissera entre les deux mâchoires.

tout de traiter les femelles allaitantes et les chiots dans leurs deux premières semaines de vie. Les chiens adultes, quant à eux, seront vermifugés tous les ans, voire deux fois par an afin d'éliminer également les kylostomes, vers provoquant des diarrhées. Les trichocéphales sont d'autres vers ronds, longs d'environ 5 cm que votre chien peut malheureusement contacter lors d'un séjour en chenil. Dans ce cas, le traitement se fait par un produit injecté par voie sanguine.

La torsion d'estomac

La torsion d'estomac est le nom courant donné à la dilatation gastrique aiguë avec ou sans torsion d'estomac. Dans les dcux cas, cette dilatation gastrique est due à une ingestion gloutonne d'un repas. Dans le cas de dilatation avec torsion, c'est malheureusement la mort de l'animal dans 55 % des cas. Les symptômes apparaissent rapidement, dont le plus impressionnant est l'augmentation de l'abdomen surtout du côté gauche. Il est indispensable d'amener immédiatement votre chien chez le vétérinaire pour éviter que la dilatation ne se transforme en torsion.
Le Dandie-Dinmont est un chien de petite taille, il est donc peu exposé au retournement d'estomac. Cependant, il faut être prudent comme pour tous les chiens. Pour les animaux nourris avec des aliments traditionnels, n'oubliez pas de couper la viande et les légumes en morceaux moyens, même petits. Enfin lorsque votre Dandie-Dinmont s'alimente, ne le dérangez sous aucun prétexte, plus il est calme, plus il mange lentement et mieux c'est.

POUR ÉVITER LA DILATATION-TORSION DE L'ESTOMAC

« Déjeuner en paix ! » Cette phrase-titre, issue d'une chanson de Stephan Eischer, pourrait être écrite en lettres d'or au-dessus de la gamelle de votre chien. En effet, dans la grande majorité des cas, le syndrome de dilatation-torsion de l'estomac est dû à une ingestion alimentaire trop rapide. Le chien va « avaler tout rond » comme dit le bon sens populaire. Cela peut être dû à quelqu'un ou à quelque chose qui va troubler le chien pendant son repas, l'incitant ainsi à se dépêcher de finir sa gamelle pour que personne ne lui en vole le contenu. Il va dans ce cas ingérer une grande quantité d'air qui peut avoir ensuite de graves conséquences.

Les chiens qui vivent en meute ont l'habitude de consommer leur ration et pas plus, ceux qui vivent seuls risquent plus le « gloutonnage ».

Statistiquement, on sait que les chiens de plus de 30 kg sont plus sensibles à cette pathologie, donc plusieurs conseils :

- *laissez en paix votre chien pendant son repas ;*
- *surélevez la gamelle pour permettre une meilleure ingestion de l'air et des aliments ;*
- *pour le chien très glouton, n'hésitez pas à lui donner des croquettes plus grosses que les croquettes habituelles : elles l'obligeront à mâcher ;*
- *enfin, bien sûr, mettez en permanence près de lui un bol d'eau fraîche, lui permettant ainsi d'alterner aliments solides et liquide.*

Si, malgré cela, votre chien est victime du syndrome de dilatation-torsion de l'estomac, ne perdez pas de temps, dès l'apparition des premiers symptômes (gonflement de l'abdomen), conduisez-le au plus vite chez le vétérinaire le plus proche, sa vie dépend de votre rapidité.

Les diarrhées

La diarrhée est soit une augmentation de la fréquence des selles, soit une augmentation de l'émission des selles, le tout pouvant s'accompagner d'une augmentation en teneur ou en volume d'eau.

Les diarrhées alimentaires sont en fait les plus fréquentes et ne sont pas graves si elles ne sont pas chroniques. Le changement brutal d'alimentation (sevrage, passage d'aliments traditionnels à des aliments secs, etc.), entraînant une incapacité de l'animal à digérer, en est souvent la cause. Mais les diarrhées peuvent être dues à des rations trop volumineuses ou ingurgitées trop rapidement ou enfin à des allergies envers certains aliments ; d'où l'importance d'apprendre à son chien à manger de tout dès son plus jeune âge (*cf.* chapitre « L'alimentation »).

Les diarrhées autres qu'alimentaires peuvent être dues à un coup de froid au niveau du ventre (neige) ou à un stress ponctuel (voyage en voiture chez le vétérinaire ou vers

une exposition, par exemple). Ces diarrhées sont en principe de courte durée bien qu'impressionnantes.
Si les diarrhées deviennent chroniques, il y a tout lieu de consulter le vétérinaire car le risque de déshydratation entraînant une perte de sels minéraux est important. Comme pour les risques d'empoisonnement (voir ci-dessous), il faut apprendre très jeune à son Dandie-Dinmont Terrier à ne pas manger « n'importe quoi », qui pourrait justement entraîner ces diarrhées passagères, et surtout pas des charognes trouvées lors de parties de chasse. N'oubliez pas que le chien n'a pas du tout la même notion des odeurs que l'humain. Plus cela sent mauvais pour nous, plus cela risque de l'attirer, alors prudence.

Les empoisonnements

Les empoisonnements peuvent être de deux sortes, criminels ou accidentels. Les empoisonnements criminels existent à cause de la bêtise humaine et la seule solution

© *Lanceau/Cogis*

pour les éviter est d'apprendre à votre chien à ne pas accepter d'aliments autres que ceux provenant du maître ou de la maîtresse. Les empoisonnements accidentels sont quant à eux liés à l'absorption inopinée de produits chimiques, d'insecticides, pesticides ou autres produits d'entretien.
Comme pour les enfants, mettez hors de portée tous les produits dangereux. Pour le jardin, soit vous traitez et vous évitez pendant les périodes de traitement que votre animal s'y promène soit vous ne traitez pas. En ce qui me concerne j'ai fait le choix, les limaces mangent mes salades mais mon chien ne risque pas de s'empoisonner avec des granulés antilimaces. Si malgré cela, vous avez le sentiment que votre chien a absorbé un poison, faites-le vomir en lui faisant avaler un demi-verre d'eau dans lequel vous aurez fait dissoudre une cuillère à soupe de sel ou en agissant sur la gorge ou sur le palais. Méfiez-vous également du blé empoisonné destiné à éliminer les rongeurs, car votre Dandie-Dinmont Terrier est un ratier et, en cas d'ingestion d'un rongeur mort empoisonné, il risque d'être malade, voire en danger de mort.

Les calculs de la vessie chez le chien

Le chien a un appareil urinaire différent de celui de l'humain. En effet, il faut savoir que l'urètre, canal par lequel s'évacue l'urine de la vessie vers l'extérieur, est court chez la femelle mais d'un diamètre relativement large tandis que, chez le mâle, il est plus long mais d'un diamètre plus restreint à cause du dessin de l'os pénien, os pénien que l'on retrouve entre autres chez la baleine, mais absent chez l'homme.
Les calculs vésicaux sont des formations cristallines qui peuvent être à peine visibles ou alors aussi grosses qu'une orange. La composition des calculs vésicaux peut être d'une ou de plusieurs substances. Chez les humains, ils sont composés surtout d'oxalate de calcium mais, chez le chien, 80 % des calculs vésicaux sont des « struvites » composées de magnésium, ammonium et phosphate. Le chien atteint de calculs vésicaux n'a pas forcément de symptômes. Cependant, les calculs irritent souvent la paroi de la vessie, l'urine est alors teintée de sang et le chien urine plus fréquemment et l'évacuation est douloureuse.
Chez le mâle surtout, toujours à cause de cet os pénien, les calculs peuvent gêner l'évacuation de l'urine empêchant ainsi l'élimination des toxines. Cela peut provoquer un état dépressif, faiblesse, perte d'appétit, vomissements, douleurs, et si vous ne

faites pas intervenir votre vétérinaire immédiatement, cela peut provoquer la plus terrible des choses, le décès du chien. Toutefois cela peut arriver subitement, quelques vomissements seulement et l'arrêt immédiat de l'évacuation des urines. Là il faut agir très vite. Vingt-quatre heures sont malheureusement le maximum de temps qu'il reste pour sauver le chien.
Il y a deux solutions. Soignés à temps, la plupart des chiens affectés de calculs peuvent se rétablir. S'il semble y avoir blocage urinaire, le chien doit être traité sans retard, sans quoi il risque une lésion qui le mènera au décès. Sans traitement approprié, la récidive de cette maladie est courante. Si elle est bien soignée, le risque de formation de calculs peut être extrêmement atténué. Il y a deux façons de remédier aux calculs vésicaux. Malheureusement chez le mâle cela peut être l'opération qui entraîne de fait la castration du chien puisque le vétérinaire est obligé d'ôter les testicules, l'incision se faisant à l'emplacement même de ces testicules. Cette opération demande beaucoup de vigilance pour les propriétaires dans le suivi de l'intervention. Ayant eu moi-même à m'occuper d'un animal opéré, je puis dire que ce sont quinze jours à trois semaines à plein temps avec une hygiène de soins très méticuleuse. En effet, bien que votre vétérinaire ait pris soin de nettoyer le mieux possible votre chien, ce dernier perdra son sang quelques jours.
Tout d'abord prévoyez le transport dans une voiture break ou camionnette, de façon à pouvoir installer une bonne couverture recouverte d'un drap de coton sur lequel votre chien prendra place (il faut de l'espace car le vétérinaire aura pris soin de lui mettre une collerette pour éviter qu'il ne se gratte la plaie). Le mieux est d'installer des draps de coton par terre et de les changer très souvent (jusqu'à huit à dix fois dans la journée). Il faut prévoir un endroit où le chien pourra se mouvoir aisément car la collerette prend beaucoup de place et il ne doit pas se sentir trop handicapé par cet accessoire. Chaque fois que votre chien urinera, il saignera beaucoup, il ne faut pas s'effrayer, cela passe aussi vite que l'urine s'était arrêtée de couler. Il faudra donc à chaque fois le nettoyer à fond (savon spécial, Daquin, puis essuyer avec une serviette de toilette très propre).
Le premier soir, votre chien ne pourra ni monter ni descendre de marches : vous prévoirez donc un lieu où il pourra coucher la première nuit près d'une surveillance humaine. Vous devrez

© *Gauzargues/Cogis*

laver très souvent le carrelage ou les surfaces sur lesquelles le chien sera susceptible de se déplacer pour qu'il n'attrape aucun microbe risquant d'infecter sa plaie. En effet, c'est par cette même plaie qu'il urine donc il n'y a pas de pansements. C'est à ce prix que votre chien se rétablira le plus rapidement possible : comptez un mois à un mois et demi.

Suite à cette opération, votre animal devra suivre un programme alimentaire différent et très strict (pas de gourmandise, suppression totale du fromage) que votre vétérinaire vous indiquera. Même si l'alimentation du chien n'a jamais été constituée de croquettes ou de boulettes, il existe une alimentation sèche ou en boîte à laquelle il s'habituera très vite.

L'alimentation comporte également l'eau à laquelle vous serez très attentif. En effet, votre vétérinaire vous recommandera certainement une eau minérale mais pas n'importe laquelle, à moins que l'eau de votre robinet n'ait été analysée et qu'il vous la conseille.

Votre chien, surtout le mâle, aura tendance à reprendre le poids qu'il a perdu lors de l'intervention chirurgicale.

Vous ferez donc très attention au dosage de son alimentation et veillerez à ne pas le suralimenter.

Il reprendra progressivement l'exercice physique.

Si l'urètre n'est pas totalement bouché, donc si l'urine s'évacue doucement et régulièrement, on pourra traiter les calculs vésicaux de la façon suivante. Les calculs de struvite peuvent être dissous au moyen d'antibiotiques (s'il y a infection) et en prescrivant un régime faible en protéines et certains minéraux. Si la dissolution est le traitement choisi, les troubles dus aux calculs (urine teintée de sang) disparaissent en 7 à 10 jours. La dissolution dépend de la grosseur et du nombre de calculs. Tous les types de calculs ne peuvent être dissous et certains nécessitent également l'intervention chirurgicale.

Si le traitement se fait par dissolution, votre chien doit boire à volonté de l'eau fraîche (changez-la plusieurs fois par jour, ou servez-la par petites quantités).

Même si votre chien paraît aller mieux, suivez scrupuleusement le traitement prescrit par votre vétérinaire. Par la suite, une alimentation diététique est souvent recommandée et permet de répondre aux besoins spécifiques du chien afin qu'il vive normalement.

On n'insistera jamais assez sur le fait d'assurer votre animal dès son arrivée chez vous car lorsqu'une telle intervention vous « tombe sur la tête », on est content de se voir rembourser totalement.

Les maladies héréditaires

La dysplasie de la hanche

Il fallait bien finir par en parler ! Disons que c'est la hantise de tout propriétaire de chien de race. Il s'agit en fait d'une pathologie de l'articulation coxofémorale qui, dans les formes les plus graves, peut aller jusqu'à la boiterie plus ou moins prononcée des membres postérieurs.

Il s'agit d'une subluxation de la tête du fémur qui provoque l'usure et l'érosion des cartilages articulaires. Cette dégénérescence conduira petit à petit à une arthrose déformante.

Bien que la composante génétique de la maladie ait été mise en évidence, le mécanisme de transmission n'a pas encore été clairement expliqué, ce qui veut dire qu'un chien atteint de dysplasie n'aura pas obligatoire-

LA HERNIE DISCALE DU DANDIE-DINMONT

La hernie discale est un terme barbare qui désigne en fait le déplacement d'un disque vertébral entraînant une compression de la moelle épinière, responsable de douleurs vives et de manifestations neurologiques évoluant quelquefois vers la paralysie.

Comme l'homme, le chien du XXIe siècle est particulièrement sensible à cette pathologie, et en particulier les races dites « chondro-dystrophiques », c'est-à-dire les races à pattes courtes. On compte parmi ces races les Teckels, et bien sûr le Dandie-Dinmont. Pour ce type de chien, il s'agit dans 70 % des cas d'une hernie thoraco-lombaire, c'est-à-dire située entre la première vertèbre thoracique et la deuxième lombaire. Cette affection a lieu plutôt sur des chiens adultes et en pleine activité, âgés de quatre à sept ans. Les symptômes observés sont directement liés au mouvement et à la compression du disque sur la moelle épinière et les racines des nerfs issues de cette dernière.

Après confirmation du diagnostic par radiographie, il sera temps de penser au traitement. Celui-ci dépendra de l'état d'avancement du mal. Si l'on est au stade 1 de la maladie (on en compte 5) et que l'on voit son chien se déplacer en faisant le « dos rond », il n'y a rien de très grave.

Cet état nécessite le repos et traitement à base d'anti-inflammatoires et de décontractant musculaire. Pourtant si l'on parvient au stade 5, c'est-à-dire que l'on est proche de la paralysie, il est indispensable d'opérer.

Pour éviter d'en arriver là, il faut bien observer son chien quand il est jeune pour l'empêcher de réaliser des efforts qu'il paiera cher plus tard, et

ment une descendance atteinte de cette maladie et inversement. Nous sommes ici dans la complexité de l'hérédité qui entraîne malgré tout une peur panique chez certains propriétaires. L'examen radiographique de l'articulation coxofémorale est le meilleur moyen pour identifier les sujets atteints de dysplasie et ceux qui présentent de légères anomalies. La radiographie sera effectuée sur un chien entièrement anesthésié afin de garantir un relâchement musculaire nécessaire et par conséquent un positionnement dorsoventral correct.

Le Dandie-Dinmont Terrier est un chien de petite race, donc peu sensible à la dysplasie. Cependant, en cas de boiterie de la part d'un géniteur, il est indispensable de le radiographier pour lui éviter de reproduire s'il en est atteint.

lorsque les premiers symptômes se produisent, il ne faut pas hésiter à faire appel à des médecines douces comme l'acupuncture ou l'ostéopathie.

Les stades de la maladie

• Stade 1 *: l'animal hésite à se déplacer. La douleur apparaît après un effort : saut, montée ou descente sollicitant exagérément la colonne vertébrale. Une douleur vive est décelée à la palpation du rachis. L'animal se déplace en adoptant une position « dos voûté » qui le soulage.*

• Stade 2 *: à la douleur et à l'hésitation de bouger s'ajoute une faiblesse du train postérieur. Le tonus musculaire est à ce stade normal, mais le chien a du mal à se relever et ne peut se redresser seul sur ses postérieurs.*

• Stade 3 *: la compression médullaire est importante. La douleur peut être absente. L'animal se tient aussi les membres postérieurs en extension sous lui et peut se maintenir debout immobile à la seule condition d'être en équilibre. Le transit intestinal s'arrête et le chien n'urine plus volontairement.*

• Stade 4 *: la douleur a disparu. L'animal tient très peu de temps debout immobile en équilibre. Le tonus musculaire et ses réflexes sont diminués.*

• Stade 5 *: stade de la paralysie flasque. Il n'y a plus de tonus musculaire. La station debout est impossible, le chien traîne ses postérieurs en arrière du corps, et progresse grâce à ses antérieurs. On doit impérativement rechercher si l'animal conserve une douleur consciente. En pinçant l'extrémité d'un postérieur, on cherche à provoquer un mouvement de retrait vis-à-vis de la douleur. Dans le cas d'une absence de réaction, le pronostic est très défavorable et la paralysie risque d'être irréversible.*

La reproduction et l'élevage

Ce qu'il faut savoir

Il y a une légende qui court concernant l'ovulation de la femelle Dandie. Certains voudraient nous faire croire que cette dite ovulation serait courte et rapide. Nous avons pris conseil auprès du Pr Fontbonne, *le* spécialiste de l'élevage canin à l'école de Maisons-Alfort. À sa connaissance, rien ne nous permet d'avancer de telles affirmations. Il semble cependant que la femelle Dandie serait féconda-

Nombre de périodes de chaleurs par an	*2 (tous les 6 mois environ)*
Durée des chaleurs	*20 jours*
Durée de la gestation	*55-70 jours*
Nombre de fœtus	*1 à 6*
Croissance	*15-18 mois*
Température rectale	*38 °C-39 °C (anormale en deçà et au-delà. Danger à 36,9 °C et 40-41 °C)*
Exercice physique	*1 heure de marche au minimum chaque jour*
Espérance de vie	*12 ans en moyenne*

© Lanceau/Cogis

© Varin/Cogis

ble entre le 11e et le 17e jour de ses chaleurs, cette période correspondant alors à l'ovulation.

Concernant la saillie, on voudrait également nous faire croire que les pattes courtes vont empêcher le mâle de couvrir la femelle. Pourquoi chez le Dandie tout spécialement, et pas chez le Teckel ?

Ce qui est vrai, en revanche, c'est que lorsqu'on a affaire à un jeune mâle dont c'est la première saillie, il faudra l'aider, mais cela est valable pour toutes les races canines, grandes ou petites. Pour éviter maintenant tout problème de saillie, on a de plus en plus recours à l'insémination artificielle.

La prédominance des couleurs

On fait saillir en principe une « poivre » par un « moutarde » ou l'inverse. Dans ce cas on aura les deux couleurs dans la portée, mais

On fait saillir en principe une « poivre » par un « moutarde » ou l'inverse, pour avoir les deux couleurs dans la portée. (© Français/Cogis)

elle peut être toute poivre ou toute moutarde.
En cas de saillie entre deux moutarde, la portée sera en principe toute moutarde mais il peut sortir un poivre.
En cas de saillie entre deux poivre, la portée sera entièrement poivre.
Ce cas de saillie de même couleur n'est pas à faire deux fois de suite dans la lignée, on risquerait d'avoir une dégénérescence des couleurs.
Les poivre naissent presque noirs, avec éventuellement une tache blanche en forme de losange sur le torse, et quelquefois le bas des pattes blanc. Ces marques vont disparaître, lorsque le chien deviendra adulte.
Au début du XXe siècle, les moutarde étaient plus frisés que les poivre ; c'est maintenant le contraire.
À la naissance, le poids des chiots va de 160 g à 230 g.
Les portées sont de 3 à 4 chiots, mais certaines portées peuvent aller jusqu'à 7 chiots, avec un taux de réussite de 100 %.

© *Mriski/Cogis*

RÈGLEMENT INTERNATIONAL D'ÉLEVAGE (BERNE, JUIN 1979)

Préambule

1. Les droits et obligations réciproques des propriétaires ou des possesseurs d'étalons et de lices sont déterminés par les associations d'élevage et par le droit national et les règlements pris par les associations d'élevage et par les associations cynologiques nationales, ainsi que par des conventions particulières. Dans le cas où de telles dispositions n'existeraient pas, c'est le règlement international d'élevage de la FCI qui est applicable.

Il est recommandé, de façon pressante, aux éleveurs, propriétaires ou possesseurs d'étalons, de déterminer, par écrit, les conditions dans lesquelles se fera la saillie, afin de créer une situation claire en ce qui concerne les obligations financières.

Le règlement d'élevage de la FCI doit être applicable pour tous les cas qui ne sont pas réglés par le droit ou les règlements d'élevage nationaux.

Transport et frais d'entretien de la lice

2. Il est recommandé aux propriétaires de lices d'amener la chienne à saillir auprès du mâle soit personnellement, soit par une tierce personne. Dans le cas où une chienne demeurerait plusieurs jours chez le possesseur de l'étalon, tous les frais en résultant tels que l'alimentation, l'hébergement, les soins vétérinaires éventuellement, ainsi que les dommages que la chienne viendrait à provoquer à l'installation d'élevage ou à l'habitation du possesseur de l'étalon, sont à charge du propriétaire de la chienne. Le transport de retour de la chienne s'effectue aux frais de son propriétaire.

Responsabilité

3. En conformité avec les dispositions légales ayant cours dans différents pays, est responsable des dommages pouvant être causés par l'animal la personne qui, au moment du dommage, assure l'hébergement et les soins de l'animal.

Dans le cas où la chienne demeure un ou plusieurs jours sous la surveillance du possesseur de l'étalon, ce dernier est considéré, de par la loi, comme la personne assumant la garde de l'animal, et de ce fait est responsable des dommages que la chienne pourrait occasionner à des tierces personnes.

Le possesseur (personne assumant la garde) de l'étalon doit tenir compte de ce qui précède, lors de la conclusion d'un contrat d'assurance personnel en responsabilité civile.

Décès de la chienne

4. Dans le cas où la chienne viendrait à décéder pendant le séjour chez le possesseur de l'étalon, ce dernier s'oblige, à ses frais, à faire constater le

décès et sa cause par un médecin vétérinaire. Il informe, de la manière la plus rapide possible, le propriétaire de la chienne, du décès et de sa cause. Dans le cas où le décès serait occasionné par la faute du possesseur de l'étalon, ce dernier est tenu à prestation de dommages et intérêts envers le propriétaire de la chienne.
Dans le cas où aucune faute ne peut lui être reprochée, il appartient au propriétaire de la chienne de rembourser au possesseur de l'étalon tous les frais en corrélation avec le décès de la chienne.

Choix de l'étalon
5. Le possesseur de l'étalon s'oblige à ne faire saillir la lice que par l'étalon prévu à l'exclusion de tout autre.
Dans le cas où l'étalon ne procéderait pas à la saillie, la lice ne peut être mise en rapport avec un autre étalon qu'avec l'accord du propriétaire.
De toute façon, il est interdit de laisser saillir une lice par deux ou plusieurs étalons pendant ses mêmes chaleurs.

Saillie erronée
6. Dans le cas où il y aurait accidentellement, mais non intentionnellement, une saillie par un étalon autre que celui convenu, le possesseur de l'étalon qui a pris la lice sous sa garde est obligé de rembourser au propriétaire de la lice tous les frais occasionnés par cette saillie erronée.
Après une saillie non intentionnelle par un étalon autre que celui prévu, il est interdit de procéder à une nouvelle saillie avec l'étalon qui avait été prévu à cet effet.
Le propriétaire de l'étalon ne peut en aucun cas, pour une telle saillie, prétendre imposer des obligations financières à l'encontre du propriétaire de la lice.

Attestation de saillie
7. Le propriétaire de l'étalon certifie, par la rédaction d'une attestation, de l'exécution correcte de la saillie. Il confirme, en apposant sa signature sur le document, qu'il a été témoin oculaire de la saillie.
Pour le cas où les services tenant le Livre des origines d'un pays où la portée doit être enregistrée prévoient certains formulaires spéciaux, il appartient au propriétaire de la lice de se les procurer, de les remplir correctement et de les présenter à la signature du possesseur de l'étalon.
Cette attestation de saillie doit contenir obligatoirement les renseignements suivants : nom et numéro d'inscription au Livre des origines de l'étalon ; nom et numéro d'inscription au Livre des origines de la lice ; nom et adresse du

possesseur de l'étalon ; nom et adresse du propriétaire de la lice au moment de la saillie, éventuellement, la date d'acquisition de la lice ; lieu et date de la saillie ; signature du possesseur de l'étalon et du propriétaire de la chienne ; dans le cas où les services tenant le Livre des origines exigent pour l'inscription des chiots une photocopie certifiée conforme, ou un extrait certifié conforme, du pedigree, il appartient au possesseur de l'étalon de remettre, à titre gratuit, ces documents à la disposition du propriétaire de la lice.

Dédommagement pour la saillie

8. Il est recommandé au possesseur de l'étalon de ne signer l'attestation de saillie qu'après paiement du prix préalablement fixé pour la saillie.
Une rétention de la lice en tant que gage n'est toutefois pas permise.
9. Si l'étalon dont il a été convenu ne procède pas à la saillie pour quelque raison que ce soit, ou parce que la lice ne se laisse pas saillir faisant que la saillie n'a pas été effectivement exécutée, le possesseur de l'étalon n'en garde pas moins le droit aux dédommagements prévus à l'article 2, mais ne peut prétendre au prix convenu pour la saillie.
10. Pour ce qui concerne la descendance de l'étalon, le possesseur de l'étalon n'a pas droit, vis-à-vis du propriétaire de la lice, à des dédommagements autres que ceux prévus pour la saillie.
Il n'a aucun droit de se faire remettre un chiot, sauf si le propriétaire de l'étalon désire en garder un pour son élevage, sous condition de ne pas le vendre.
Lorsque les parties se sont mises d'accord pour la remise d'un chiot en tant qu'indemnité pour la saillie, cet accord doit alors être formulé par écrit et avant la saillie. Dans un tel accord, les points suivants doivent absolument être précisés et respectés : le moment du choix du chiot par le propriétaire de l'étalon ; le moment de la remise du chiot au possesseur de l'étalon ; le moment à partir duquel le droit au choix par le possesseur de l'étalon est irrévocablement prescrit ; le règlement des frais de transport ; les accords spéciaux pour le cas où la lice ne met bas que des chiots mort-nés ou qu'un seul chiot vivant, ou pour le cas où le chiot viendrait à décéder avant la remise.

La lice demeure vide

11. Après une saillie exécutée correctement, on considère que l'étalon a satisfait à ses obligations et que, dès lors, les conditions pour avoir droit au dédommagement convenu sont remplies. Elles ne constituent pas une garantie quant au fait que la lice soit pleine. Il est laissé à l'appréciation du propriétaire de l'étalon, lorsque la lice demeure vide, soit d'accorder à une prochaine chaleur de cette dernière une saillie à titre gratuit, soit de rembourser une partie de l'indemnité obtenue pour la saillie. Un tel accord doit être fixé par écrit avant la saillie, dans le contrat de saillie.

Le droit convenu à une saillie gratuite s'éteint toutefois, en principe, au décès de l'étalon ou lors du changement de possesseur de ce dernier ou avec le décès de la lice.

Insémination artificielle

12. En cas d'insémination artificielle de la lice le vétérinaire qui a recueilli le sperme de l'étalon doit certifier, à l'aide d'une attestation à remettre au service tenant le Livre des origines où les chiots doivent être enregistrés, que le sperme frais ou congelé émane bien de l'étalon dont il a été convenu. Par ailleurs, les attestations prévues à l'article 7 doivent être mises à la disposition du propriétaire de la lice par le possesseur de l'étalon et à titre gratuit.

Tous les frais encourus pour recueillir le sperme sont à la charge du propriétaire de la lice. Les frais relatifs à l'insémination sont également à la charge du propriétaire de la lice. Le vétérinaire qui procède à l'insémination de la lice doit confirmer auprès des services tenant le Livre des origines, que la lice a bien été inséminée à l'aide du sperme provenant de l'étalon prévu pour la saillie. Dans cette attestation, il convient de faire figurer également le lieu et la date de l'insémination, le nom et le numéro d'inscription du Livre des origines de la lice, ainsi que le nom et l'adresse du propriétaire de la lice.

Le propriétaire de l'étalon fournissant le sperme doit délivrer au propriétaire de la lice, en plus de l'attestation fournie par le vétérinaire, une attestation officielle de saillie.

Cession du droit d'élevage

13. On considère, de manière générale, que le propriétaire de la lice, au moment de la saillie, est l'éleveur de la portée.

Le droit à l'utilisation de la portée d'une lice ou d'un étalon peut toutefois être transféré, par un accord contractuel, à une tierce personne.

Un tel transfert doit, dans tous les cas, être attesté par écrit, avant la saillie projetée. Une telle cession du droit d'élevage constatée par écrit doit être déclarée à temps au service compétent du Livre des origines, et éventuellement, à l'association d'élevage compétente pour cette race. Elle doit être jointe à la déclaration de la portée.

Il convient de décrire très exactement dans la cession du droit d'élevage les droits et obligations des deux parties contractantes.

La tierce personne qui prend temporairement le droit d'élevage d'une lice est considérée comme la propriétaire de celle-ci, au sens du présent règlement, pour une période allant de la saillie, jusqu'au moment du sevrage.

En cas de divergence d'interprétation, le texte allemand est déterminant.

Adopté à l'Assemblée générale de la FCI des 11 et 12 juin 1979 à Berne (Suisse).

Addenda point 12 adopté par l'Assemblée générale de Jérusalem les 23 et 24 juin 1987.

© *Gauzargues/Cogis*

© *Français/Cogis*

La mise bas approche

Le moment est venu où vous avez amené votre femelle Dandie chez le mâle. Comme c'était le bon jour, tout s'est bien passé, la chienne s'est laissé faire (ne vous trompez pas dans les dates, lorsque la chienne n'est pas prête, elle peut être violente alors que le mâle, lui, est « amoureux » donc inoffensif de ce côté-là).

L'accouplement aura duré selon les cas une trentaine de minutes en moyenne et pour plus de sûreté, il y aura eu, le lendemain, une contre-saillie. La durée de la gestation qui est en moyenne de 60 à 63 jours peut varier en fait de 57 à 72 jours. Quoi qu'il arrive, au bout de 30 jours, vous verrez votre chienne s'arrondir et réclamer plus souvent des promenades. Veillez, malgré tout, à ce qu'elle ne se fatigue pas inutilement. Pendant le deuxième mois, la chienne aura besoin de plus d'alimentation que précédemment, consultez votre vétérinaire pour ne pas faire d'erreur. Dès que votre femelle sera pleine, elle n'ira plus à la chasse.

L'approche de son accouchement rend la femelle anxieuse, elle cherche à faire « son nid » en détruisant éventuellement tout tissu qui se trouvera à sa portée. La température rectale baissant dans les heures qui précèdent l'accouchement, il est donc indispensable de la surveiller suffisamment à l'avance.

Surtout lorsqu'il s'agit d'une première portée, il est absolument nécessaire que la femelle se sente rassurée, ce qui lui permettra de mettre bas en toute quiétude. Pour cela, préparez à l'avance une caisse en bois de 2 à 3 m^2 avec des rebords de 30 cm, dimensions suffisantes pour que la chienne s'y tienne couchée, sans risquer d'écraser ses petits. Le fond sera réalisé en caillebotis recouverts d'une moquette lavable. Il faut que la pièce soit suffisamment chauffée sans plus. La mise bas pourra durer jusqu'à 12 heures suivant le nombre de chiots. Cependant l'intervalle de l'expulsion entre chaque chiot ne doit pas dépasser 2 heures.

La chienne met bas allongée sur le côté, les chiots se présentant généralement par la tête, les membres antérieurs tendus en avant (60 % des cas). Dans 40 % des cas, les chiots se présentent les pattes postérieures tendues les premières. Ils peuvent aussi prendre des positions intermédiaires (flexion de la tête vers le bas, repli d'un membre, repli d'un membre avec déviation latérale de la tête, présentation par les fesses) qui risqueront de gêner la respiration des jeunes chiots. Si le chiot a du mal à être expulsé, il faut éviter d'effectuer la moindre traction si l'on n'est pas un spécialiste.

Mais, dans tous les cas, rappelez-vous que l'orientation du vagin est oblique de haut en bas et d'avant en

Chiots de 2 semaines. (© Muriel Matel)

arrière. Il est donc préférable d'accompagner avec délicatesse les contractions que la chienne effectue à intervalles réguliers.
Chaque petit est enveloppé d'une membrane transparente, le placenta, que la chienne déchire et absorbe aussitôt après la naissance. Elle lèche et nettoie ensuite son chiot pour stimuler sa respiration et le pousse vers la mamelle la plus proche. Lorsque le chiot est expulsé normalement, le cordon ombilical se rompt. Si ce n'est pas le cas, la chienne le sectionne elle-même et elle débarrasse ensuite le chiot de ses enveloppes. Si elle ne le fait pas, vous devrez la remplacer en commençant par enlever les enveloppes autour du chiot qui gêne sa respiration, ensuite vous couperez le cordon après l'avoir ligaturé au-dessus de l'endroit où il sera coupé. Pour une première mise bas (chienne ou maître), il vaut mieux se faire assister soit d'un vétérinaire, soit de mains expertes.
Dans le cas où la chienne connaîtrait de graves difficultés, il est

possible de recourir à une césarienne que le vétérinaire pratiquera sous anesthésie générale.
Vingt-quatre heures après la mise bas, vous ferez examiner votre chienne par le vétérinaire ; cette visite médicale de contrôle est indispensable si vous constatez une augmentation brutale de sa température ou tout autre symptôme de malaise général.
Après la mise bas, la femelle reste un long moment sur sa couche et il est bien difficile de l'en déloger. Il ne faut pas trop l'approcher dans ces moments-là. En effet, elle devient particulièrement agressive vis-à-vis des étrangers humains ou chiens. Elle défend d'instinct sa progéniture qui devient sa meute, même le père des chiots doit être éloigné.
Une chienne Dandie-Dinmont Terrier est un « joyau » à qui on ne fera faire que quelques portées. De ce fait, demandez à votre vétérinaire d'être particulièrement attentif avec elle car elle aura certainement besoin de calcium pour allaiter et se remettre sur pied.

Sevrer le chiot

La femelle va allaiter ses chiots pendant environ 40 à 50 jours.

Dès le 25e jour, on peut progressivement commencer le sevrage. (© Lanceau/Cogis)

Rob Roy, 2 mois. (© Muriel Matel)

Mais, dès le 25e jour, on pourra aider la chienne par un apport de lait en poudre qu'on donnera au chiot puis par des bouillies à base de lait qui faciliteront le sevrage du chiot et éviteront une cassure brutale entre les deux alimentations (voir chapitre « L'alimentation »).
Une fois le sevrage réalisé, vous vous reporterez au paragraphe concernant l'alimentation du chiot.

L'inscription au Livre des origines français (LOF)

Le Livre généalogique pour l'espèce canine est tenu, en France, par la Société centrale canine pour l'amélioration des races de chiens en France (SCC) et a pour nom le Livre des origines français (LOF).
L'inscription au LOF peut se faire selon quatre modalités :
– inscription provisoire au titre de la descendance ;

© *Varin/Cogis*

– inscription définitive au titre de la descendance ;
– inscription au titre de l'importation ;
– inscription à titre initial.

INSCRIPTION PROVISOIRE AU TITRE DE LA DESCENDANCE

Cette inscription provisoire concerne les chiots issus de géniteurs inscrits à titre définitif au LOF dans la même section de race. Les formalités à remplir par l'éleveur sont les suivantes :
– la déclaration de saillie portant tous les renseignements sur les deux géniteurs et signée par les propriétaires de ces deux géniteurs. Elle est envoyée à la SCC par le propriétaire de la lice (femelle) dans les quatre semaines qui suivent la saillie ;
– la déclaration de naissance où sont inscrits les chiots identifiés

par le tatouage, qui devra être envoyée à la SCC dans les deux semaines qui suivent la naissance. La SCC délivre alors un certificat de naissance après vérification de l'authenticité des déclarations.

Inscription définitive au titre de la descendance

Cette inscription concerne les chiens inscrits à titre provisoire et présentés à la confirmation à partir de 12 mois. En cas de confirmation, le juge le précise sur le certificat de naissance. Le document retourné à la SCC permettra d'établir le pedigree définitif. Si le chien n'est pas confirmé, le juge le note sur le certificat de naissance qu'il remet au propriétaire. Celui-ci a alors deux mois pour faire appel s'il conteste la décision de l'expert.

Inscription au titre de l'importation

Les chiens concernés sont ceux nés à l'étranger, inscrits à un Livre des origines reconnu par la Fédération cynologique internationale (FCI). Dans ce cas les formalités pour le propriétaire sont les suivantes :
– le tatouage selon le système français ;
– l'imprimé de déclaration pour l'inscription au LOF d'un chien né à l'étranger et importé en France ;
– l'imprimé de demande de confirmation. Comme pour les chiens d'origine française, la SCC délivrera le pedigree si le chien a subi avec succès l'épreuve de confirmation.

Inscription à titre initial

Cette inscription est possible pour les Dandie-Dinmont Terriers qui seraient issus de géniteurs inconnus, ou non inscrits au LOF (en principe, cela n'existe pas !). Ces animaux devront alors subir avec succès l'épreuve de confirmation qui leur permettra d'obtenir un certificat d'inscription au titre de l'apparence avec numéro d'enregistrement au Livre d'attente. Ces chiens ne peuvent pas concourir dans les expositions internationales.

Tout savoir sur l'affixe

En matière d'élevage canin, l'affixe est la « marque de fabrique » de l'éleveur, c'est le signe de reconnaissance qui permet à certains juges d'évaluer un chien avant même de l'avoir vu ! Plus sérieusement, l'affixe permet de suivre des lignées dans telle ou telle race et d'éviter ainsi certaines mésalliances. Pourtant, avant d'être un blason, l'affixe est une « marque admi-

LIVRE D'ATTENTE : REGISTRE INITIAL (RI)				LIVRE GÉNÉALOGIQUE
	1re Génération	2e Génération	3e Génération	Après confirmation
	RI 1	***RI 2***	***RI 3***	***AU LOF***
Chiens concernés	Chiens sans ascendance connue ou de parents non inscrits au LOF	• Chiens dont les géniteurs sont inscrits au RI 1 • Chiens dont l'un des géniteurs est inscrit au RI 1, l'autre au LOF	• Chiens dont les géniteurs sont inscrits au RI 2 • Chiens dont l'un des géniteurs est inscrit au RI 2, l'autre au LOF	Chiens dont les géniteurs sont • inscrits au RI 3 • inscrits au LOF • inscrits à un livre généalogique étranger reconnu par la SCC
Formalités à remplir par le propriétaire déclarant	Examen de confirmation	• Déclaration de saillie envoyée dans les 4 semaines suivant la saillie • Déclaration de naissance envoyée dans les 2 semaines suivant la mise bas • Examen de confirmation		• Déclaration de saillie • Déclaration de naissance • Confirmation
Certificats délivrés par la SCC	Certificat d'inscription au titre de l'apparence avec numéro enregistrement au Livre d'attente	• Récépissé de déclaration de croissance • Certificat d'inscription au titre de l'apparence		• Certificat de naissance • Si confirmation : remplacement par certificat définitif : le pedigree • Si non-confirmation : mention sur le certificat de naissance et LOF. Pas de pedigree délivré

nistrative » de l'éleveur, ce qui entraîne des droits et bien sûr des obligations.

UN PEU DE VOCABULAIRE

En terme générique, qu'est-ce qu'un affixe ? Pour ce faire, reportons-nous au dictionnaire : « Nom masculin. Particule qui se met au commencement ou à la fin des mots pour en modifier la signification ; exemple dans parsemer, *par* et *er* sont des affixes. »
Concernant l'élevage canin, l'affixe est dans ce cas une dénomination qui s'ajoute au nom du chien et qui permet immédiatement lors de la lecture du nom de savoir de quel élevage l'animal provient. Comme pour les noms communs, l'affixe peut être un préfixe s'il est placé avant le nom du chien (exemple : Sweet Lady), ou un suffixe s'il est placé

Prendre un affixe est un choix important pour l'éleveur. (© Gauzargues/Cogis)

derrière le nom du chien (exemple : Lady de la Vallée Verte). À la lectures des affixes français, on se rend compte qu'il s'agit bien plus souvent de suffixes, alors que les affixes anglo-saxons sont plus souvent des préfixes.

L'affixe est aussi un contrat

Prendre un affixe est une décision importante dans la vie d'un éleveur, il entre de plain-pied dans la « grande famille », mais surtout il s'engage, à partir de cet instant, à respecter une suite de dispositions qui sont :
– ne produire et n'élever que des chiens inscrits au Livre des origines français (LOF) ou au Livre d'attente ;
– soumettre au contrôle de la Société centrale canine (SCC) la totalité des chiens de son élevage ;

– respecter les directives d'élevage des associations des races que l'éleveur produit ;
– faire inscrire au Livre généalogique la totalité des produits de son élevage dans le respect de la réglementation, c'est-à-dire géniteurs confirmés, déclaration de saillie dans les quatre semaines qui suivent, déclaration de naissance dans les deux semaines qui suivent, tatouage de la portée à l'élevage avant sa dispersion. Ce droit au tatouage est un droit particulièrement important dans la mesure où il représente la plus grande preuve de confiance que peut apporter la SCC à l'éleveur.

L'éleveur sait que s'il ne respecte pas ces engagements ou s'il fait de fausses déclarations, son affixe pourra lui être retiré en étant rayé du répertoire et son utilisation interdite.

Ces dispositions draconiennes destinées à rendre l'élevage canin le plus transparent possible génèrent comme tout règlement des perversions. L'éleveur ne pouvant vendre que des chiens inscrits au LOF risque d'être dans une situation délicate face à un chiot dont il sait, dès la naissance, qu'il ne sera pas confirmable (trop blanc ou trop noir par exemple). On revient alors à la fameuse différence entre le *pet dog* (chien de compagnie) et le *show dog* (chien d'exposition et de reproduction) qui trouve tant d'adeptes actuellement auprès de cynophiles qui se réclament de la tradition britannique ! Mais, au fait, quel est l'intérêt d'inscrire au LOF un chien qui ne pourra jamais reproduire, peut-être uniquement de gonfler artificiellement les statistiques de naissances de certaines races ?

Comment obtenir un affixe

Si vous désirez obtenir un affixe, vous devez être membre d'un club de race au moment de la demande et constituer le dossier suivant que vous enverrez à la SCC. Ce dossier comprendra :
– le formulaire de demande, rempli entièrement, signé par le ou les demandeurs et comportant l'aval du président de l'association de race ;
– un spécimen de la ou des signatures sur carton. Toutes les déclarations de naissance ou de saillie ultérieures adressées à la Société centrale canine devront être conformes à l'un des spécimens de signature ;
– une fiche individuelle d'état civil par demandeur ;
– un chèque du montant du tarif en vigueur.

La Société centrale canine attribuera l'affixe après vérification des conditions requises, et des garanties fournies par l'éleveur,

ensuite il y aura vérification sur le répertoire national pour être sûr que l'affixe n'est pas déjà utilisé en France, puis au final ce sera la Fédération cynologique internationale qui prendra la décision d'attribution.
Dès l'attribution de son affixe au niveau international, l'éleveur en est avisé et une carte dénommant son élevage lui est adressée.
La constitution de ce dossier de demande entraîne quelques remarques de notre part, à savoir : il faut absolument que l'éleveur qui demande un affixe soit inscrit dans un club de race pour obtenir l'aval du président du club en question. Or n'importe qui peut faire reproduire n'importe quel chien de race et faire confirmer la progéniture sans la moindre contrainte. On connaît même certains excellents éleveurs amateurs qui ne possèdent pas d'affixe, ce qui ne les empêche pas de « sortir » d'excellents chiens.
Cette caution du club de race est d'autant plus étonnante qu'elle n'est plus nécessaire en cas d'extension à d'autres races. Le pouvoir des clubs est finalement beaucoup plus important sur l'attribution de l'affixe qu'on ne le pense ; sans parler de certains présidents qui réalisent de véritables abus de pouvoir en mettant sous leur coude pendant plusieurs mois la demande d'affixe. Le club de race est en droit de demander avant de viser le formulaire que lui soit communiquée la photocopie des pedigrees des géniteurs. Un club de race qui refuserait de viser le formulaire devrait impérativement motiver son refus auprès de la commission LOF de la Société centrale canine.
Pour être très clair, il est rare qu'un affixe soit refusé, il est vrai que la recette financière générée à la SCC par l'attribution des affixes est loin d'être négligeable.

Céder ou transmettre son affixe

La vie est ainsi faite qu'un possesseur d'affixe peut être amené à se défaire de celui-ci pour des raisons quelconques.
L'affixe peut être cédé ou transmis si la Société centrale canine en autorise la cession (à un tiers) ou la transmission (à un descendant). Toute demande de cession, de transfert ou d'association (modification du nombre des associés, par exemple) doit faire l'objet d'une demande écrite adressée à la SCC par le ou les titulaires de l'affixe, le club de race devant donner son aval. Cette cession permet de faire vivre de très anciens affixes

© *Gauzargues/Cogis*

bien au-delà de la vie de leurs créateurs. Trois exemples intéressants d'affixes qui vivent toujours, ou viennent de renaître :

– l'élevage de Cabrenysset est le plus ancien élevage de Colleys en France. L'affixe fut déposé en 1936 par M. Moli, l'un des précurseur français de la race. Il fut transmis, il y a quelques années, à M. et Mme Agoutin, des amis de longue date, qui perpétuent cet affixe glorieux (une trentaine de champions) ;

– l'élevage de la Tour Saint-Génin est le plus ancien affixe

LES ÉLEVEURS DE DANDIE-DINMONTS ET LEURS AFFIXES

En France

Josiane Jenny, 1, RN 13, Pommeraie, 27180 Parville.
Affixe : Something Else.

Christian Tessier, 8, rue de Sérifontaine, 60590 Flavacourt.
Affixe : La Valoise de Bréançon.

Muriel Matel, 17, rue L.-Weick, 08300 Rethel.
Affixe : Highlander Blackmount.

Annette Goujon, 23, impasse des Fleurs, 57320 Guerstling.
Affixe : De la Fontaine d'Ariane.

En Allemagne

Monika et Manfred Rosenbaum, Sudhoffstrasse 70, 42283 Wuppertal.
Affixe : German Dandie.

Aux Pays-Bas

Sabine Boers, Esscheweg 182, 5262 LC Vught.
Affixe : Castelo Branco.

P. P. De Bakker, Obrechtstraat 36, 5151 PE Drunen.
Affixe : Coquet Water.

En Italie

Anne Gioia, Via Glasgow 15, 00055, Ladispoli-Rome.
Affixe : Sunjoy's.

Élevage Highlander Blackmount. Oban. (© Muriel Matel)

en activité dans le Berger de Brie.
Il fut déposé en 1941 par la mère de Mme Annie Tabutaud, sa propriétaire actuelle. Il y a des « trous » dans l'histoire de cet affixe du fait de la guerre mais, après des recherches, Mme Tabutaud devrait être capable d'établir le palmarès (impressionnant) de cet élevage ;
– encore plus vieux est l'affixe Montgarny utilisé en préfixe. Cet affixe fut déposé en 1922 par Jules Dormeuil, célèbre éleveur de Fox-Terriers entre les deux guerres. Il vient d'être repris, après de longues démarches, par le neveu de Jules Dormeuil, Geoffroy Vivaux, éleveur passionné de Jack-Russell Terriers. Après une longue période de sommeil, l'affixe Montgarny va enfin renaître.

Le désistement

Parfois, l'affixe peut appartenir à deux époux ou deux concubins. En cas de séparation ou de divorce, l'un des deux peut reprendre l'affixe à son compte. Cela ne pourra se faire que si l'un se désiste (signature certifiée conforme) au profit de l'autre auprès de la SCC. Dans ce cas, le numéro d'affixe ne change pas, seul le numéro d'éleveur change.

Choisir un nom

Lorsque vous décidez de prendre un affixe, il va falloir lui choisir un nom. Du fait de la multiplication des affixes, le choix devient de plus en plus compliqué. Les seules contraintes sont :
– ne pas utiliser un affixe existant déjà ;
– ne pas utiliser un nom de pays, de ville ou de famille.
En revanche, les noms de lieux-dits, de parcelles cadastrales, les diminutifs, etc., sont autorisés.

Rétroactivité de l'affixe

Comme beaucoup de cas dans le droit français, il n'existe pas d'effet rétroactif en matière d'affixe.
Ce qui veut dire que l'affixe ne peut être reporté sur les chiens de l'élevage dont l'inscription au LOF est antérieure à la concession de l'affixe.

L'élevage de Dandie-Dinmonts

Comme nous l'avons indiqué en début de livre, le Dandie-Dinmont est une race presque confidentielle.
Entrons un peu plus dans l'élevage du Dandie avec quelques chiffres.

INSCRIPTIONS AU LIVRE DES ORIGINES FRANÇAIS (LOF)

1975	1
1976	6
1977	14
1978	17
1979	9
1980	6
1981	11
1982	3
1983	1
1984	5
1985	4
1986	11
1987	17

1988	3
1989	7
1990	17
1991	15
1992	9
1993*	20
1994	6
1995	17
1996	17
1997	5
1998	15
1999	8
2000	7

** Année record*

Total entre 1990 et 2000 : 136 inscriptions, soit 13,6 inscriptions en moyenne par an.

Le Dandie-Dinmont est une race appréciée. (© Gauzargues/Cogis)

INSCRIPTIONS AU LIVRE DES ORIGINES ANGLAIS

1979	175
1980	172
1981	204
1982	154
1983	130
1984	184
1985	149
1986	204
1987	190

1988*	256
1989	243
1990	231
1991	210
1992	228
1993	166
1994	143
1995	187

** Année record*

Sur dix ans, entre 1986 et 1995, on compte 2 058 inscriptions au Livre des origines anglais, soit près de 206 inscriptions par an, de quoi faire un très beau club de race en France.

206 inscriptions en moyenne par an au Livre des origines anglais. (© Français/Cogis)

INSCRIPTIONS AU LIVRE DES ORIGINES ALLEMAND

1956	1	**1970**	0	**1984**	29
1957	0	**1971**	9	**1985**	33
1958	0	**1972**	10	**1986**	31
1959	0	**1973**	1	**1987**	19
1960	0	**1974**	2	**1988**	51
1961	0	**1975**	21	**1989**	22
1962	2	**1976**	2	**1990**	43
1963	0	**1977**	29	**1991**	42
1964	9	**1978**	9	**1992**	38
1965	6	**1979**	15	**1993***	67
1966	6	**1980**	30	**1994**	58
1967	5	**1981**	12	**1995**	49
1968	9	**1982**	29	**1996**	39
1969	15	**1983**	21	**1997**	49
				1998	48

** Année record*

45 inscriptions en moyenne par an au Livre des origines allemand.(© Gauzargues/Cogis)

Grâce à certains passionnés, le Dandie-Dinmont est de plus en plus prisé en Allemagne.

Depuis 1956, il y eut donc 861 inscriptions au Livre des origines.

Sur les 10 dernières années, de 1989 à 1998, il y a eu 455 inscriptions, soit un peu plus de 45 par an.

Les 861 chiens se répartissent ainsi : 771 sont nés en Allemagne (RFA), 82 ont été importés, et 8 sont nés en ex-Allemagne de l'Est (RDA).

Ces 771 chiots sont issus de 199 portées, soit près de 4 chiots par portée.

NAISSANCES ENREGISTRÉES PAR L'AMERICAN CLUB

1981	179
1982	152
1983	175
1984	162
1985	162
1986	130
1987	128
1988	155

1989	127
1990	151
1991	124
1992	118
1993	90
1994	129
1995	78

Soit 2 060 naissances sur 15 années de référence, soit un peu plus de 137 naissances par an.
47 portées en 1988 (3,29 naissances de moyenne), 44 portées en 1989 (2,88 naissances de moyenne), 47 portées en 1991 (2,63 naissances de moyenne), 32 portées en 1992 (3,68 naissances de moyenne).

On compte en moyenne 137 naissances par an aux USA. (© Varin/Cogis)

La cynophilie

La Société centrale canine

Située au 155, avenue Jean-Jaurès, à Aubervilliers, près de Paris, la Société centrale canine a pour mission, entre autres, la bonne tenue du LOF (Livre des origines français) et du RI (Registre initial d'inscriptions) (*cf.* chapitre « La reproduction et l'élevage »).

Les affixes

Une des autres missions de la SCC est l'attribution des affixes (*cf.* à ce propos les paragraphes relatifs à l'affixe dans le chapitre « La reproduction et l'élevage »).
L'affixe est une dénomination qui s'ajoute au nom du chien permettant de savoir de quel élevage l'animal provient. L'éleveur désirant utiliser un affixe doit s'engager à respecter les dispositions suivantes :
– produire et n'élever que des chiens de race inscrits au LOF ou au Livre d'attente ;
– soumettre au contrôle de la SCC la totalité des chiens de son élevage ;
– respecter les directives d'élevage des associations des races qu'il produit ;
– faire inscrire au Livre généalogique la totalité des produits de son élevage dans le respect de la réglementation.
Il est averti qu'en cas de manquement aux engagements ci-dessus ou de fausses déclarations, l'affixe qui lui a été attribué pourra

© *Lanceau/Cogis*

être rayé du répertoire et son utilisation interdite.

Les organismes fédérés reconnaissent réciproquement les affixes enregistrés par chacun d'eux et s'engagent mutuellement à ne pas accorder l'usage de tels affixes à des personnes qui ont leur domicile dans un pays affilié à la FCI autre que le leur.

La concession et l'usage des affixes sont soumis aux dispositions ci-après :

– les chiens ne peuvent pas porter d'autre affixe que celui de leur éleveur ;

– aucune modification ne pourra être apportée au nom d'un chien après qu'il aura été publié ;

– l'éleveur ne peut pas faire enregistrer plus d'un affixe pour toutes les races ;

– la concession d'un affixe est personnelle et viagère aussi longtemps qu'il n'est pas devenu hors d'usage.

Après l'homologation, l'affixe ne peut plus être modifié.

Il y est mis fin, en principe, avec le décès du titulaire.

La cession aux héritiers d'un éle-

veur peut être autorisée par l'organisation nationale après que la preuve de la dévolution successorale a été établie. Ce qui précède vaut également pour une cession contractuelle ;
– le titulaire d'un affixe a la faculté d'associer à l'élevage l'époux (ou l'épouse), les descendants ou les collatéraux, à condition que ces personnes soient âgées d'au moins 18 ans. La représentation de cette association continue d'appartenir au titulaire originaire de l'affixe. Les associations d'élevage de deux ou plusieurs personnes doivent demander leur propre affixe ; les mêmes règles que ci-dessus sont appliquées. Toute modification dans la composition de l'association doit être communiquée à la FCI, pour le cas où il existe un affixe protégé par cette dernière. Tout le reste se règle suivant les dispositions de l'organisation nationale compétente ;
– la FCI tient un registre international des chiffres concédés par les organismes affiliés. Avant la concession d'un affixe, il convient de demander à la FCI si ce même affixe n'existe pas déjà.

La confirmation

À partir de 12 mois le Dandie-Dinmont Terrier pourra être confirmé. On peut faire confirmer son chien

Oban, huit mois. (© Muriel Matel)

LE TEST D'APTITUDES NATURELLES (TAN)

Avant de confirmer le jeune Dandie, on va lui faire passer le TAN, sorte de « confirmation mentale » du chien.
Cela permet d'éliminer tout jeune chien au caractère douteux, et qui ne ferait pas un bon reproducteur.

Maniabilité
Agressivité : 0.
Ne se laisse pas examiner : 0.
Se laisse examiner avec difficulté : 1 à 5.
Se laisse examiner : 6 à 10.

Sociabilité
Refus de marche : 0.
Agressivité envers ses congénères : 1 à 5.
Craintif sans refus de marche : 6 à 9.
Marche correctement, décontracté : 10 à 15.

Comportement
Expression de panique : 0.
Expression de crainte : 1 à 5.
Tentative de mordre : 6 à 7.
Aboiements, poils hérissés : 8 à 10.
Grondements, crocs dégagés : 11 à 15.
Attitude décontractée, intéressée : 16 à 25.

Instinct propre à la race
Indifférent : 0.
Curiosité visuelle : 1 à 5.
Curiosité olfactive : 6 à 10.
Donne de la voix : 11 à 15.
Cherche à attaquer : 16 à 25.

Émotivité
Expression de panique : 0.
Expression de crainte : 1 à 8.
Expression d'indifférence : 9 à 15.
Expression intéressée : 16 à 25.

Résultats
0 à 49 points : ajourné (4 ajournements = élimination).
50 à 59 points : bon.
60 à 74 points : très bon.
75 à 100 points : excellent.

NB : un zéro obtenu dans une partie du test élimine de ce test. Le chien ayant eu un 0 ne peut donc pas continuer le test sur la partie suivante.

GRILLE DE COTATION DES GÉNITEURS

• ***1 point*** *: sujet confirmé.*

• ***2 points*** *: sujet confirmé premier choix.*
Un excellent en Spéciale.

• ***3 points*** *: sujet confirmé excellent.*
Un excellent en exposition de Championnat ou en Nationale d'élevage.

• ***4 points*** *: sujet recommandé.*
2 « excellent » en Spéciale, et un excellent en exposition de Championnat, ou un excellent en Nationale d'élevage.
Ces trois « excellent » doivent avoir été obtenus sous au moins deux juges différents, les chiens doivent avoir satisfait aux épreuves du TAN et avoir une radiographie des hanches, stade A ou B.

• ***5 points*** *: sujet Élite B.*
Sujet confirmé ayant produit :
– pour les étalons :
3 sujets recommandés issus au moins de 2 lices différentes ;
– pour les lices :
3 sujets recommandés sans exigence concernant le nombre d'étalons.

• ***6 points*** *: sujet Élite A.*
Sujet recommandé ayant produit :
mêmes exigences que pour l'Élite B.

© Hermeline/Cogis

dans toutes les expositions nationales (CAC) ou se rendre chez des confirmateurs désignés par le club ou encore participer à des séances de confirmation organisées par le club.
Le juge ou l'expert confirmateur remplira le formulaire de confirmation (voir le paragraphe concernant le pedigree p. 120) que le propriétaire devra renvoyer à la SCC afin de recevoir le certificat définitif de conformité au standard ou pedigree. Les chiens, suivant leurs qualités, seront classés pour la reproduction en 01 confirmé, 02 test d'aptitude, 03 trialer, 04 recommandé, 06 élite.

Les expositions

Les expositions canines sont, pour les néophytes, des endroits surréalistes où semblent évoluer des individus (humains) qui communiquent entre eux au moyen d'un langage codé (CACIB, CACS, etc. – *cf.* plus loin le paragraphe sur les titres) ainsi que des animaux (chiens) que l'on commence par enfermer dans des cages avant de les sortir pour

les brosser, puis qu'on renferme. On les ressort ensuite pour les faire tourner en rond (pour ne pas dire en « bourrique ») entre quatre cordes sous les yeux de quelqu'un qui a l'air très savant (juge), avant d'enfermer définitivement ces pauvres bêtes jusqu'à la fin de la journée !
En fait les expositions canines sont indispensables si l'on veut améliorer les races ou même, plus simplement, les faire connaître. Certes, certaines personnes sont devenues de véritables *aficionados* des expositions et sont prêtes à faire des milliers de kilomètres pour « décrocher la timbale » (ou plutôt la coupe), sans se poser la question de savoir si le chien aime ou n'aime pas. Pour ma part, je pense que les expositions doivent rester un lieu de rencontres et de confrontations amicales où maîtres et chiens sont là pour « faire avancer la chose » et non se montrer les crocs.

Se préparer à l'exposition

Un Dandie-Dinmont Terrier, aussi docile soit-il, n'est pas fait

Reaburn of Highlander Blackmount dit Junior, 12 mois. Champion du monde jeune Porto, 2001. (© Muriel Matel)

naturellement pour aller en exposition. Il y a donc tout lieu pour un jeune chien non encore habitué avant la première exposition d'opérer un léger conditionnement, c'est-à-dire apprendre à tourner dans un ring à main gauche, apprendre à montrer ses dents et à se laisser toucher par un inconnu. L'apprentissage de la cage (1 m) viendra de fait sur place. Pour ce faire, il faut prévoir d'aménager le « home » provisoire de l'animal, à savoir un tapis de sol (1 m × 1 m), sa gamelle, une bouteille d'eau, quelques jouets et éventuellement du tissu servant de rideau pour l'isoler des voisins. Le chien aura été brossé régulièrement avant le jour dit.

Le tour de ring

Arrive le moment où l'on vient chercher tous les chiens de la même race que le vôtre. C'est à

© *Hermeline/Cogis*

Blaven Naomi, « best in show » du championnat de France des chiens de race (2000) organisé par la Société centrale canine à l'hippodrome de Longchamp. (© Photothèque SCC)

vous maintenant. Vous pénétrez sur le ring à l'endroit que l'on vous a indiqué. Ne soyez pas stressé car vous transmettriez votre anxiété au chien (vous ne passez ni le bac, ni le permis de conduire). Vous suivez les autres chiens, à votre tour, vous montrerez la dentition de l'animal et le tiendrez pendant que le juge examinera votre chien plus précisément. Le juge est seul maître à bord dans le ring, il y a donc tout lieu d'accepter le jugement avec le sourire, quitte, une fois la séance terminée, à lui demander quelques explications, mais toujours avec courtoisie. D'ailleurs dans la plupart des cas le juge peut vous donner le double de son jugement par écrit.

Le lexique des jugements

Les jugements sont rendus par des juges officiels français nommés par la SCC ou par des juges

Juge internationale, Mme Monique Van Brempt, éleveuse de Scottishs et Dandies, Muriel Matel et Josette Matel, à Charleroi les 12 et 13 octobre 2002. (© Muriel Matel)

étrangers nommés par la FCI. Ils officient seuls et sous leur responsabilité personnelle, les jugements sont sans appel et définitifs dès que prononcés.

Les classes

Les chiens sont répartis par catégories selon leur sexe, leur âge et les résultats obtenus.

– *Classe ouverte* : COM (classe ouverte mâle) ; COF (classe ouverte femelle).

On y regroupe tous les chiens dont l'âge, le jour de l'exposition, est au minimum de 12 mois (exposition nationale) ou de 15 mois (exposition internationale). Cette classe donne droit à l'attribution du CACS ou du CACIB.

– *Classe débutants* : CDM (classe débutant mâle) ; CDF (classe débutant femelle).

Cette classe concerne les chiens âgés de 9 à 12 mois. Elle donne droit à une appréciation (« prometteur », ou bien « très prometteur »), mais pas à un qualificatif ni à aucun prix.

– *Classe jeunes* : CJM (classe jeune mâle) ; CJF (classe jeune femelle).

Cette classe concerne les chiens ayant au minimum 12 mois et au maximum 24 mois le jour de l'exposition. Les chiens reçus obtiennent le qualificatif « excellent » et un classement.

– *Classe champions* : CCHM (classe champion mâle) ; CCHF (classe champion femelle).

Cette classe est réservée aux chiens déclarés champions nationaux par un pays membre de la FCI, ou champions internationaux par la FCI. Elle ne donne pas droit à l'attribution du CACS mais au CACIB.

L'inflation dans les classes

Pour que chaque exposant reparte maintenant avec un carton ou une breloque, les organisateurs d'expositions ont multiplié les classes. On trouve donc maintenant dans certaines expositions les classes suivantes :

– *Puppy* : 4 à 6 mois.
– *Benjamin* : 6 à 9 mois.
– *Débutant (junior)* : 9 à 12 mois.
– *Jeune* : 12 à 18 mois.
– *Ouverte* : à partir de 12 mois.
– *Champion* : chiens titulaires d'un titre reconnu par la SCC ou la FCI.
– *Vétéran* : à partir de 7 ans.
– *Vénérable* : à partir de 10 ans.

Classements

Dans les classes puppy, benjamin, débutant (junior) : très prometteur, prometteur, assez prometteur, les chiens sont non classés. Seul le premier est désigné par le juge.

Dans les classes vétéran et vénérable : excellent, très bon, bon, assez bon, insuffisant les chiens sont non classés, seul le premier est désigné par le juge.
Dans les classes jeune, ouverte, et champion : excellent, très bon, bon, assez bon, insuffisant, les six meilleurs sujets ayant obtenu le qualificatif excellent sont classés.
Chaque juge est responsable du classement et de l'attribution des CACS, des CACIB.
Commentaires : contrairement aux sports jugés, la cynophilie ne remet jamais en doute le jugement de ses juges. Quel bout de la laisse est jugé ? Tant que les juges ne seront pas remis en cause régulièrement, nous pourrons toujours avoir des doutes.

Les classements de groupe

Lot d'élevage : pour les chiens nés chez un même éleveur et ne pouvant plus lui appartenir. Les lots d'élevage devront compter 5 chiens. Un éleveur peut engager plusieurs lots d'élevage, chaque lot d'élevage de 5 chiens constituant un lot indivisible.
Le calcul des points se fera selon le barème suivant :
– très prometteur : 20 points ;
– prometteur : 10 points ;
– très bon : 10 points ;
– excellent : 20 points.
50 points supplémentaires sont à la disposition d'un jury qui les attribuera sur le ring d'honneur selon l'homogénéité de chaque lot.
– *Couple* : un mâle et une femelle appartenant au même propriétaire et engagés dans des classes individuelles.
– *Paire* : deux chiens de même sexe (deux mâles ou deux femelles) appartenant au même propriétaire, et engagés dans des classes individuelles.
– *Groupe* : au moins trois chiens appartenant au même propriétaire et engagés dans des classes individuelles.
– *Reproducteur* : géniteur (mâle ou femelle), accompagné d'au moins 3 sujets issus d'une ou plusieurs portées, appartenant à un ou plusieurs propriétaires.

Les qualificatifs

Les qualificatifs expriment le degré de conformité au standard de la race d'un chien.
Excellent (EXC). Qualificatif attribué à un chien très proche du standard, réalisant un ensemble harmonieux et équilibré, ayant de la classe et une brillante allure.
Très bon (TB). Qualificatif attribué à un chien parfaitement typé, équilibré dans ses proportions mais présentant quelques défauts véniels non morphologiques.
Bon (B). Qualificatif attribué à un chien possédant les caractéristiques de la race, mais accusant quelques défauts non rédhibitoires.

Assez bon (AB). Qualificatif attribué à un chien suffisamment typé mais sans qualité notoire.

Les titres

CACS : certificat d'aptitude au championnat de France de conformité au standard.
Ce titre sera attribué au chien présenté en classe ouverte (meilleur mâle, meilleure femelle) et classé 1er excellent. Attribué par le juge, il n'est valable qu'après homologation par la SCC. Le RCACS (réserve de certificat d'aptitude au championnat de France de conformité au standard) pourra éventuellement être accordé au chien classé 2e excellent. Cette réserve pouvant se transformer en CACS si le chien classé 1er pour une raison quelconque n'était pas homologué.
CHFCS : champion de France de conformité au standard.
Ce titre est attribué à un Dandie-Dinmont Terrier répondant aux exigences du CACS de la Nationale d'élevage organisé par le Club des Terriers d'Écosse, ou remportant le titre au Championnat de France de conformité au standard organisé sous la houlette de la SCC.
CACIB : certificat d'aptitude au championnat international de beauté.
Ce titre est décerné lors d'expositions internationales, dans chaque race, au meilleur mâle et à la meilleure femelle des classes ouverte et champion réunies. La réserve de CACIB (RCACIB) fonctionne de la même façon que la RCACS.
CHIB : champion international de beauté.
Ce titre est attribué par la FCI à un chien ayant remporté un certain nombre de CACIB : 4 CACIB dans trois pays différents et sous trois juges différents dont un des quatre dans le pays de résidence du propriétaire ou dans le pays d'origine de la race.

Lors d'une Nationale d'élevage, le CACS est en compétition dans les classes ouvertes (mâles et femelles). Le CACS de la Nationale d'élevage équivaut à celui de l'exposition de Championnat de France de la SCC. Il n'est attribué que si 50 chiens au moins sont engagés à l'exposition (toutes races confondues)[1].
Dans le cas où le même chien obtien-

1. Lorsqu'on lit le texte, on pourrait imaginer qu'une exposition, toutes races confondues, réunisse au moins 50 chiens pour qu'elle soit reconnue comme Nationale d'élevage. En fait, il s'agit de 50 chiens appartenant à un même club, toutes races confondues. Ce qui signifie que, malgré le peu de naissances, il est parfaitement possible de réaliser une Nationale d'élevage pour les Dandie-Dinmonts dans la mesure où cette Nationale est organisée par le Club des Terriers d'Écosse.

drait le CACS de la Nationale d'élevage et celui de l'exposition de Championnat de France de la SCC, c'est la RCACS (réserve de CACS) suivant le CACS obtenu en second qui serait transformé en CACS, sous réserve que le chien l'ayant obtenue remplisse les conditions d'homologation exigées.
Un dernier petit conseil pour les novices aux expositions. En effet si vous exposez votre chien pour la première fois et que vous ne connaissez personne, sachez qu'au début du catalogue qui vous aura été remis à l'entrée il est décrit les récompenses remises pour chaque qualificatif. N'oubliez donc pas d'aller réclamer la vôtre au stand réservé à cet effet car il est possible que personne ne vous le dise et après l'exposition vous ne pourrez rien réclamer. Ce serait dommage d'autant que la première plaque ou la première coupe sera celle que vous regarderez le plus souvent.

En revenant de l'exposition

La journée est terminée, votre Dandie-Dinmont Terrier revient « médaillé » ou non, il va falloir lui laisser deux ou trois bonnes journées pour qu'il décompresse, histoire d'oublier les cages, le bruit, les haut-parleurs et le juge. Très vite, il va s'habituer à la « nouvelle manie » de son maître et jouera, en quelque sorte, un rôle sur le ring, quitte à devenir « cabot » et apprécier les applaudissements. Mais de là à dire qu'il aime les expositions il y a un pas que je ne franchirais pas.

Comment devenir champion international de beauté et des différents pays européens

Champion international de beauté

Obtenir 4 CACIB dans un minimum de 3 pays différents, sous le jugement d'un minimum de 3 juges différents.
Il faut que l'un des CACIB soit obligatoirement obtenu dans le pays d'origine de la race ou dans le pays du domicile du propriétaire du chien.
Il faut qu'un temps de 12 mois au minimum se soit écoulé entre la date d'obtention du 1er et du 4e CACIB.

Champion des Pays-Bas

Obtenir 4 CAC avec 2 juges différents au minimum. Lors de l'obtention du 4e CAC, le chien doit être âgé au minimum de 27 mois, sinon vous devrez attendre que votre chien atteigne cet âge minimal obligatoire pour obtenir un autre CAC.

Et peut-être un beau jour... (© Monnier/Cogis)

Champion d'Allemagne

Obtenir 3 CAC avec 2 juges différents au minimum. Il doit y avoir un délai minimal de 12 mois entre la date d'obtention du 1er et du 3e CAC.

Champion de Monaco

Obtenir 2 CAC attribués à l'exposition de Monaco qui ne se déroule qu'une fois par an.

Champion de Suisse

Obtenir 3 CAC dont 2 obtenus dans des expositions où est attribué le CACIB, avec un minimum de 2 juges différents. Il doit y avoir un minimum de 12 mois entre la date d'obtention du 1er et du 3e CAC.

Gregoria, Irwin, Gwennie, Ghillie, Boubou, Isabelle, Inès, Shirley, Speedy. Dieppe, 25 juillet 1993. (© Collection Tessier)

LE CHIEN LE PLUS TITRÉ AU MONDE : UN DANDIE

C'est un Dandie-Dinmont qui est le chien le plus titré au monde, cela étant confirmé par le Guiness Book. *Il s'agit de German Dandies Earl of Speedy, lui-même père de German Dandies Kleopatra, femelle appartenant à Muriel Matel. Voici le palmarès de ce « Monsieur » :*

Champion d'Allemagne KFT (club des terriers)
Champion d'Allemagne VDH (tous clubs confondus)
Champion international
Champion des Pays-Bas
Champion de Yougoslavie
Champion du Luxembourg
Champion de Suisse
Champion de Belgique
Champion d'Autriche
Champion de Hongrie
Champion de France
Champion du Danemark
Champion de Monaco
Champion d'Europe FCI
Champion du monde
Champion d'Allemagne toutes races confondues
Vainqueur du jubilé du club de race (champion des terriers)
Meilleur chien de l'exposition aux Pays-Bas (Best in show)
Meilleur chien de l'exposition en Belgique (Best in show)
Champion du monde junior (jeune)

Soit 20 titres majeurs. À noter que son père, Swanwillow Golden Guinea At Amansan, obtint également vingt titres, alors que sa fille Kleopatra est multi-championne, et que son petit-fils Reaburn of Highlander Blackmount est champion du monde junior. Bon sang ne saurait mentir !

Champion de Belgique

Obtenir 4 CAC dont 1 lors d'une exposition à CACIB, sous 3 juges différents avec un délai minimum d'un an.

Champion d'Espagne

Obtenir 4 CAC dont 1 à l'exposition du Championnat d'Espagne à Madrid ou 1 à la Nationale d'élevage.

© *Gauzargues/Cogis*

© *Français/Cogis*

Si vous obtenez le CAC de l'exposition de Madrid, en plus vous devez avoir au moins un qualificatif excellent à la Nationale d'élevage.

Champion du Portugal

Obtenir 3 CAC + 1 CAC QC. Le CAC QC est obtenu lors du Championnat du Portugal qui se déroule une fois par an à Lisbonne.

Champion du Luxembourg

Obtenir le CAC-CACIB délivré à l'exposition annuelle du Luxembourg.

Adresses utiles

CNSPA
(Confédération nationale des sociétés protectrices des animaux)
25, quai Jean-Moulin
69002 Lyon
Tél. : 04 78 38 71 71

Fondation Assistance aux animaux
23, avenue de la République
75011 Paris
Tél. : 01 43 55 76 57

Fondation Brigitte-Bardot
45, rue Vineuse
75116 Paris
Tél. : 01 45 05 14 60

Fondation 30 millions d'amis
40, cours Albert-Ier
75008 Paris
Tél. : 01 56 59 04 44

SCC
(Société centrale canine)
155, avenue Jean-Jaurès
93535 Aubervilliers Cedex
Tél. : 01 49 37 54 00
Fichier central : 01 49 37 54 54

SNPC
(Syndicat national des professionnels du chien)
Rue des Paulines
63390 Saint-Gervais-d'Auvergne
Tél. : 04 73 85 83 67

SPA
(Société protectrice des animaux)
39, bd Berthier
75017 Paris
Tél. : 01 43 80 40 66

Index analytique

Achevé d'imprimer en janvier 2004
à Milan, Italie,
sur les presses de Grafiche Milani

Dépôt légal : janvier 2004
Numéro d'éditeur : 8258